AF399289

Hinweis:

Alle Angaben erfolgen ohne Gewähr. Weder Autorin noch Verlag können für eventuelle Nachteile oder Schäden, die aus den im Buch vorliegenden Informationen resultieren, eine Haftung übernehmen. Eine Haftung der Autorin bzw. des Verlags und seiner Beauftragten für Personen-, Sach- und Vermögensschäden ist ebenfalls ausgeschlossen.

Zum Schutz der Persönlichkeitsrechte sind alle Personen in diesem Buch anonymisiert. Einige Episoden sind nicht autobiographisch.

Markenschutz:

1. Auflage   Mai 2019
© 2019   edition riedenburg
Verlagsanschrift   Anton-Hochmuth-Straße 8, 5020 Salzburg, Österreich
Internet   www.editionriedenburg.at
E-Mail   verlag@editionriedenburg.at
Lektorat   Dr. Heike Wolter, Regensburg

Bildnachweis   Fotolia.com: Zaubernde Kinder am Cover © Andrey Kiselev
                    Zaubersymbole und Grafiken im Buchblock © danielabarreto
                    Papierseiten © Can Yesil, Rahmen © ARTvektor

                    Portrait Hanna Grubhofer Umschlagrückseite © anwora.com
                    Fotos im Buchblock: © Hanna Grubhofer

Satz und Layout   edition riedenburg
Herstellung   Books on Demand GmbH, Norderstedt

ISBN 978-3-99082-015-5

Hanna Grubhofer

Zauberbuch Familienfrieden

Magische Anwendungsbeispiele
für Gewaltfreie Kommunikation
mit Kindern, Jugendlichen
und Erwachsenen

Inhalt

WIDMUNG

Das „Zauberbuch Familienfrieden konkret" widme ich all den starken Müttern und Vätern, die beschlossen haben, mit ihren Kindern ein achtsames, selbstbestimmtes und geborgenes Leben zu leben.

Meine besondere Wertschätzung gilt dabei den Alleinerzieherinnen und Alleinerziehern. Sie müssen viele Entscheidungen mit sich selbst ausmachen und können sowohl freudige als auch schwierige Familien-Zeiten nicht immer mit einem Erwachsenen teilen. Mutter oder Vater zu sein ist schon eine Herausforderung. Diesen Weg oft ganz auf sich alleine gestellt zu gehen, ist unglaublich schwer.

Besondere Achtung möchte ich außerdem jenen entgegenbringen, die selbst eine schwierige eigene Kindheit erlebten, ihre Geschichte aufgearbeitet haben und nun einen anderen Weg mit ihren Kindern einschlagen. Nicht in die alten Fahrwasser zu kommen, sondern sich immer wieder aufs Neue aufzumachen, um neue Wege zu beschreiten, braucht nicht nur Mut, sondern auch viel Kraft und Durchhaltevermögen.

EINLEITUNG

Mit meinem zweiten Buch, dem „Zauberbuch Familienfrieden konkret", möchte ich alle einladen, noch eine Spur tiefer in die Familienwelt einzutauchen. So lässt sich das Besondere am Kindsein erkennen und weiter leben – mit den Kindern und als Erwachsener.

Seit dem Erscheinen meines ersten Zauberbuches habe ich zahlreiche Rückmeldungen und Fragen erhalten. Etliche davon bezogen sich auf konkrete Situationen:

- „Wie geht das ganz genau bei ...?"
- „Welchen Weg hast du eingeschlagen, als ...?"
- „Wie kannst du ... machen und dabei kindgerecht handeln?"

Viele wollten außerdem von mir wissen, welche Erfahrungen ich selbst gemacht habe, und wie ich zu dem geworden bin, was ich heute bin und wonach ich handle.

Das „Zauberbuch Familienfrieden konkret" möchte Antworten auf all diese Fragen geben. Dafür liefert es direkte Einblicke in unser Leben als Großfamilie und beleuchtet Stationen, die Weichen gestellt haben. Es ist also gleichsam ein Rückblick auf meine eigene Geschichte und eine Anleitung für das Umsetzen der Haltung der Gewaltfreien Kommunikation (GFK) im Alltag sowie in speziellen Situationen.

Zugleich möchte mein Buch jede Familie darin bestärken, ihren eigenen individuellen Weg zu gehen, um Entscheidungen mit einer klaren Sicht und aus tiefstem Herzen zu treffen.

Und es soll die Freiheit geben, Sichtweisen und Entscheidungen zu ändern, wenn sich die Umstände geändert haben.

Ein wichtiger Aspekt im Zauberbuch Familienfrieden war schon immer die Leichtigkeit: Es ist kein verkopftes Lehrbuch, sondern bietet die Möglichkeit, stets bei seiner Linie der Gewaltfreien Kommunikation zu bleiben und diesem Weg treu zu bleiben. Auch, wenn es anfangs eigenartig wirkt und Mut braucht, diesen neuen Weg zu betreten.

Ich wünsche allen Familien viel Klarheit und ein gutes und authentisches Durchwandern der Höhen und Tiefen, die das Familienleben mit sich bringt.

Gemeinsam die Großen verbuddeln

DIE GEWALTFREIE KOMMUNIKATION ALS FUNDAMENT

In meinem „Zauberbuch Familienfrieden" habe ich die **Gewaltfreie Kommunikation**, kurz **GFK**, als ein Werkzeug des achtsamen Miteinanders ausführlich erklärt. Hier soll daher eine kurze Zusammenfassung ausreichen.

Die GFK basiert auf vier Schritten, denen meist ein „Wolfsgeheule" vorangeht. Dieses zeigt auf, dass einen etwas emotional bewegt. Die darauffolgenden „Giraffenschritte" sind folgende:

GIRAFFENSCHRITT 1: BEOBACHTUNG

Die Beobachtung, der erste Schritt dient dazu, eine Situation so zu beschreiben, dass wir sie nicht beurteilen. Wichtig dabei ist ...

1) *zu beschreiben, was ich erlebt habe mit der Verbindung zur persönlichen Meinung. Statt: „Du bist zu nachlässig." Besser: „Wenn ich sehe, dass du am Abend vor der Prüfung beginnst zu lernen, FINDE ICH, dass du zu nachlässig bist."*

2)   Verben mit bewertendem Beigeschmack wegzulassen und stattdessen die konkrete Situation zu beschreiben. Statt: „Susi ärgert die anderen Kinder." Besser: „Susi stellt den anderen Kindern Fragen, während sie ein Spiel spielen."

3)   die fälschliche Annahme zu korrigieren, dass die eigene Meinung über Gedanken und Gefühle einer anderen Person die einzig richtige ist. Statt: „Jakob kommt wieder einmal zu spät." Besser: „Ich glaube, Jakob hat jetzt den Bus verpasst."

4)   nicht Annahmen und Wissen zu vermischen. Statt: „Wenn du hochkletterst, dann fällst du runter." Besser: „Wenn du hochkletterst, befürchte ich, dass du hinunterfallen kannst."

5)   eine genaue Bestimmung der Bezugspersonen zu machen. Statt: „Teenager sind frech." Besser: „Ich habe nicht erlebt, dass die Jugendlichen beim Supermarkt höflich sind."

6)   keine bewertenden Wörter zu verwenden, die die Fähigkeit beschreiben. Statt: „Noah ist ein schlechter Fußballspieler." Besser: „Noah hat in den letzten 20 Spielen kein Tor geschossen."

7)   Adverbien und Adjektive wegzulassen, die eine Bewertung beinhalten. Statt: „Gustav ist dumm." Besser: „Die Fragen, die Gustav stellt, verwundern mich."

8)   daran zu denken, dass Worte wie „immer", „niemals", „jemals" oder „jedes Mal" Generalisierungen sind und nicht der Wahrheit entsprechen.

GIRAFFENSCHRITT 2: GEFÜHLE

Bei der GFK dreht es sich mmer wieder darum, sich zu fragen:

- Wie geht es mir, jetzt gerade, mit jener bestimmten Situation?
- Welche Gefühle werden in mir ausgelöst?

Gefühle, wenn unsere Bedürfnisse erfüllt sind

Ich bin ...

angenehm	entschlossen	hellwach	schwungvoll
aufgedreht	entspannt	hocherfreut	selbstsicher
aufgeregt	entzückt	hoffnungsvoll	selbstzufrieden
ausgeglichen	erfreut	inspiriert	selig
befreit	erfrischt	jubelnd	sicher
begeistert	erfüllt	klar	spritzig
behaglich	ergriffen	kraftvoll	still
belebt	erleichtert	lebendig	strahlend
berauscht	erstaunt	leicht	überglücklich
berührt	fasziniert	liebevoll	überrascht
beruhigt	freudig	locker	überschwänglich
beschwingt	freundlich	lustig	überwältigt
bewegt	friedlich	mit Liebe erfüllt	unbekümmert
eifrig	fröhlich	motiviert	unbeschwert
ekstatisch	froh	munter	vergnügt
energiegeladen	gebannt	mutig	verliebt
energisch	gerührt	neugierig	wach
engagiert	gesammelt	optimistisch	wissbegierig
enthusiastisch	geschützt	ruhig	zärtlich
entlastet	glücklich	satt	zufrieden
	gutgelaunt		zuversichtlich
	heiter		

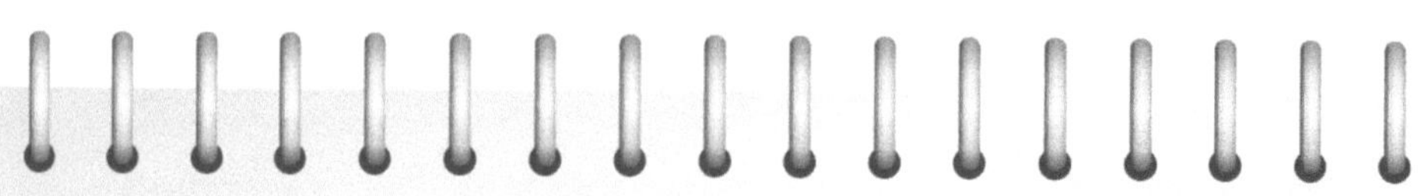

Ich bin ...

alarmiert	ermüdet	leblos	überwältigt
angeekelt	ernüchtert	lethargisch	unbehaglich
angespannt	erschlagen	lustlos	ungeduldig
ängstlich	erschöpft	miserabel	unglücklich
angstvoll	erschreckt	müde	unruhig
apathisch	erschrocken	mutlos	unwohl
ärgerlich	erschüttert	nervös	unzufrieden
aufgeregt	erstarrt	niedergeschlagen	verärgert
ausgelaugt	frustriert	panisch	verbittert
bedrückt	furchtsam	perplex	verletzt
beklommen	gehemmt	ruhelos	verspannt
besorgt	geladen	sauer	verstört
bestürzt	gelähmt	scheu	verwirrt
betroffen	gelangweilt	schlapp	verzweifelt
deprimiert	genervt	schockiert	widerwillig
durcheinander	hasserfüllt	schüchtern	wütend
einsam	hilflos	schwer	zappelig
elend	irritiert	sorgenvoll	zitternd
empört	kalt	streitlustig	zögerlich
entrüstet	kribbelig	teilnahmslos	zornig
enttäuscht	lasch	traurig	

Interpretationen und KEINE Gefühle

Ich fühle mich ...

abgeschnitten

angegriffen

ausgebeutet

ausgenutzt

bedroht

benutzt

beschämt

betrogen

bevormundet

eingeengt

eingeschüchtert

festgenagelt

gequält

gestört

gezwungen

herabgesetzt

hintergangen

in die Enge getrieben

manipuliert

missbraucht

nicht beachtet

nicht ernst genommen

nicht geachtet

nicht gesehen

nicht respektiert

nicht unterstützt

nicht verstanden

nicht wertgeschätzt

niedergemacht

provoziert

sabotiert

übergangen

ungewollt

uninteressant

unterbrochen

unter Druck gesetzt

unterdrückt

unwichtig

verlassen

vernachlässigt

vernichtet

vertrieben

zurückgewiesen

Unser Ziel ist es, Gefühle auszudrücken anstatt „Nicht-Gefühle" zuzulassen. Interpretationen sind dann vorhanden, wenn nach dem Wort „fühlen" Worte kommen wie:

- dass, wie, als ob: „Ich fühle mich wie ein Versager."
- ich, du, er, sie, es, wir, ihr, sie (Personalpronomen): „Ich habe das Gefühl, du willst nicht."
- Personenbezeichnungen: „Ich habe das Gefühl, mein Chef ist ein Versager."

Es gilt zu unterscheiden zwischen unserem Denken, wie wir sind oder wie jemand anderer ist, und dem, was wir fühlen: „Ich fühle mich unzulänglich als Gitarristin" vs. „Ich bin (fühle mich) als Gitarristin enttäuscht über mich selber".

Was andere sagen oder tun, mag ein Auslöser für unsere Gefühle sein, ist aber nie ihre Ursache.

Unsere Gefühle kommen aus der Entscheidung, wie wir das, was andere sagen oder tun, aufnehmen wollen. Sie entstehen aus unseren Bedürfnissen und Erwartungen in der jeweiligen Situation und können dadurch von Mensch zu Mensch und auch von Situation zu Situation verschieden sein.

Auf negative Äußerungen gibt es folgende Reaktionsmöglichkeiten:

1) *Uns selbst die Schuld geben:* Hier wird das Urteil des anderen akzeptiert; das wiederum geht auf Kosten unseres Selbstvertrauens, erzeugt in uns Schuldgefühle, Scham oder Depressionen.

2) *Dem anderen die Schuld geben:* Wir ärgern uns und rufen Schuldgefühle beim anderen hervor. Jemanden durch Schuldgefühle zu motivieren, funktioniert so, dass die Verantwortung für die eigenen Gefühle der anderen Person zugeschrieben wird: „Mama und Papa sind ganz traurig, wenn du schlechte Noten in der Schule bekommst." Wenn Kinder sich nach einer solchen Ansage anders verhalten, tun sie es nicht von Herzen, sondern weil sie (Schuld)Gefühle vermeiden wollen.

3) *Annehmen, was ist,* ohne jemandem (weder mir noch dem Gegenüber) die Verantwortung zu geben, sondern zu spüren, wie es mir damit geht.

GIRAFFENSCHRITT 3: BEDÜRFNISSE

Was brauchen wir, damit es uns gut geht? Was fehlt in einer bestimmten Situation?

Nahrung für den Körper

- Bewegung
- Essen
- Gesundheit
- Körperliche Nähe
- Luft
- Ruhe
- Schutz vor lebensbedrohlichen Situationen
- Sexualität
- Unterkunft
- Wasser

Kontakt mit anderen

- Akzeptanz
- Anerkennung
- Austausch
- Beitrag zur Bereicherung des Lebens
- Ehrlichkeit
- Einfühlsamkeit
- Emotionale Sicherheit
- Freundschaft
- Geborgenheit
- Gehört werden
- Gemeinschaft
- Gesehen werden
- Liebe
- Nähe
- Respekt
- Rücksichtnahme
- Schutz
- Toleranz
- Unterstützung
- Verbundenheit
- Verlässlichkeit
- Verständnis
- Vertrauen
- Wärme
- Wertschätzung

Integrität/Stimmigkeit mit sich selbst

- Abwechslung
- Aktivität
- Authentizität
- Balance von Arbeit und Freizeit
- Balance von Geben und Nehmen
- Balance von Sprechen und Zuhören
- Bildung
- Disziplin
- Effektivität
- Einfachheit
- Engagement
- Entspannung
- Entwicklung
- Erfolg
- Flexibilität
- Freiheit
- Freude bereiten
- Gelassenheit
- Genießen
- Gleichwertigkeit
- Großzügigkeit
- Herausforderung
- Humor
- Identität
- Initiative
- Inspiration
- Integrität
- Kompetenz
- Konfliktfähigkeit
- Kraft
- Kreativität
- Kultur
- Leichtigkeit

- Mitgefühl
- Mut
- Natur
- Offenheit
- Optimismus
- Ordnung
- Privatsphäre
- Pünklichkeit
- Selbstbestimmung
- Selbstvertrauen
- Selbstverwirklichung
- Selbstwert
- Sinnhaftigkeit
- Stärke
- Struktur
- Vergnügen
- Wertschätzung
- Zugehörigkeit

Autonomie

Feiern

Spielen

Spirituelle Verbundenheit

- Bewusstheit
- Friede
- Harmonie
- Inspiration
- Ordnung
- Schönheit

GIRAFFENSCHRITT 4: BITTEN

Eine Bitte im Sinne der GFK ist ein Angebot an jemand anderen, etwas zu tun, um mir mein Leben schöner zu machen. Ziel der Bitten ist ein Bewusstmachen des eigenen Bedürfnisses. Die anderen sollen auf dieses reagieren, wenn sie es möchten.

Diese Bitte kann der andere mit „Ja" oder „Nein" beantworten, beide Antworten sind für mich in Ordnung. Ärgere ich mich allerdings über ein „Nein", dann war es eine Forderung und keine Bitte. In diesem Fall sollte ich mir überlegen, wie ich mir selbst das Leben schöner machen kann. Ich kann beispielsweise die Aufgabe selbst übernehmen, jemand anderen darum bitten, eine andere Strategie finden, mein Bedürfnis zu erfüllen, oder merken, dass mir das Bedürfnis nicht so wichtig ist und von meiner Bitte ablassen.

 Grundsätzlich ist es gut, Bitten so zu formulieren:

- in positiver Handlungssprache: „Kannst du bitte das Fenster schließen?" (anstelle von: „Ich mag keine Zugluft.")

- konkrete Handlungen beschreiben, die andere auch tatsächlich ausführen können: „Kannst du in den nächsten zehn Minuten deine Schmutzwäsche in die Waschmaschine räumen und das Lego am Boden aufräumen?" (anstelle von: „Räume dein Zimmer auf!")

- die dahinterliegenden Gefühle vorher vermitteln: „Ich bin erschöpft und müde. Könntest du das Abendessen herrichten?"

- um eine Wiedergabe bitten: Wenn unsere Bitte anders ankommt als gedacht, sollte die Reaktion nicht sein: „Du hast nicht zugehört." Besser ist es, sich für die Wiedergabe zu bedanken und sich nochmals verständlicher ausdrücken und erneut um ein Wiederholen zu bitten, bis es passt. Auch wenn das etwas „schräg" wirkt, ist es sehr hilfreich im Alltag, da so Missverständnisse leicht aufgedeckt werden und gleich aufgelöst werden können, ohne dass es einen „Dummen" gibt.

- um Offenheit bitten: Nachdem wir uns offen mitgeteilt haben, möchten wir wissen, was der Zuhörer dabei empfindet, was der Zuhörer dazu denkt, oder ob er bereit ist, etwas Bestimmtes zu tun. „Wenn ich dich jetzt gebeten habe, das Abendessen herzurichten, wie ist das für dich?"

- wirklich bitten und nicht fordern: Eine Forderung besteht dann, wenn der andere davon ausgeht, dass er beschuldigt oder bestraft wird, wenn er meiner „Bitte" nicht zustimmt. Die Strafe kann darin bestehen, dass ich böse auf diese Person bin oder sie für meine schlechte Laune verantwortlich mache. Bei Forderungen hat der andere zwei Möglichkeiten: Unterwerfung oder Rebellion.

Ich möchte abschließend ein Beispiel für alle Punkte zeigen. Zuerst so, wie es nicht geht:

Ich bitte Jakob, den Esstisch abzuräumen: „Jakob, kannst du bitte die Teller und das Besteck in die Küche tragen?" Jakob: „Nein, ich will das nicht machen." Ich: „Das finde ich echt fies. Ich koche, ich räume auf, und du kannst nicht einmal das machen? Geh in dein Zimmer, ich will dich nicht sehen!" – Das ist eine Strafe, vielleicht räumt er nun missmutig die Teller weg, vielleicht geht er Türe knallend in sein Zimmer.

Besser geht es so:

Ich bitte Jakob, den Esstisch abzuräumen: „Ich hatte einen anstrengenden Tag und würde mich sehr freuen, wenn ich Unterstützung bekomme. Kannst du bitte die Teller und das Besteck in die Küche tragen?" Jakob: „Ich hasse es, schmutzige Teller von anderen anzufassen." Ich: „Ok, verstehe, könntest du dann etwas anderes machen?" Jakob: „Ja, was denn?" Ich: „Du könntest zum Beispiel Tim und Moritz helfen, sich bettfertig zu machen, während ich den Esstisch abräume." Jakob sagt nun entweder: „Ja, ok." oder: „Nein, ich bin selbst müde und mag einfach nicht mehr." Dann ist das für mich auch in Ordnung und ich mache sowohl das Esszimmer fertig als auch die Vorbereitung fürs Schlafengehen. Oder auch ich entscheide mich dafür, das Esszimmer nicht aufzuräumen, weil ich selbst zu müde bin, und mache dies am nächsten Tag.

DIE AUSWIRKUNGEN DER GEWALTFREIEN KOMMUNIKATION AUF MEIN LEBEN

Das Leben mit der GFK hat – neben einer genaueren Sprache – für mich eine große Einstellungsänderung gebracht und ein noch genaueres Bewusstsein geschärft.

Eine der größten Veränderung war, eine Bitte nicht als Forderung zu formulieren. Und auch ganz frei und froh darüber zu sein, wenn jemand meine Bitte abschlägt und so gut für seine Grenzen sorgt. Ganz viel habe ich das bei meinen Kindern üben können, die sehr ehrlich zu mir sind. Ich habe mir bei ihnen sehr oft ein „Nein" abgeholt, was mich anfangs ärgerlich gemacht hat.

Nun weiß ich: Auch ich kann mich zu einem „Nein" entscheiden und die Teller einmal nicht wegräumen, wenn mich das nicht glücklich macht oder ich zu müde bin. Dadurch habe ich viel an Entscheidungsfreiheit gewonnen und kann sie ebenso gut anderen einräumen. Mein Leitsatz „Ich muss im Leben nichts, außer sterben" hat somit einen tieferen Sinn bekommen.

Das genaue Beobachten und Beschreiben einer Situation hat bei mir bewirkt, dass ich fast alle Situationen positiv und als Lernprozess für mich sehen kann. Verletzt in einem Streit ein Kind das andere, dann sehe ich es in seinem Versuch, für sein Bedürfnis zu sorgen. Es ist dann vielleicht hilflos und überfordert und sieht keine andere Lösung, als zuzuschlagen. Das bedeutet nicht, dass ich das gut finde. Doch ich erkenne die Notwendigkeit einer guten Begleitung. Durch Unterstützung können Kinder eigene Grenzen gewaltfrei ausleben und gleichzeitig ihre Bedürfnisse stillen.

Die eigenen Gefühle und Bedürfnisse zu kennen und benennen zu können, hat mir für mein Leben viel Klarheit gebracht. Zugleich hat mir dies unendlich viel Einfühlung in andere Lebewesen ermöglicht. Dies ist vielleicht eine DER Weichenstellungen gewesen.

Seitdem kann ich nicht mehr „unbedarft" durch den Supermarkt gehen und mir kaufen, was mich anlacht. Ich kannn dafür jene Produkte einkaufen, bei denen ich überzeugt bin, dass meine Bedürfnisse und die der Produzenten erfüllt sind. Billigläden sind für mich dadurch zum No-Go geworden. Und auch mein Leben in und mit meiner Umwelt hat sich nochmals weiter verändert – im Sinne von mehr Achtsamkeit vor den Bedürfnissen der Lebewesen rund um mich herum.

- Wie kann ich meine Tiere, meine Pflanzen so leben lassen, dass ihre Bedürfnisse erfüllt sind?
- Wie kann ich die Umwelt, in der ich mich bewege, respektvoll und achtsam durchwandern?
- Wo und wie kann ich dazu beitragen, dass es mehr Frieden gibt auf dieser Welt?
- Wie kann ich mit Menschen, die von Neid und Gier getrieben sind, achtsam umgehen?

Diese „Nebenwirkungen" der GFK in Verbindung mit den Erlebnissen, die mein Leben für mich bereithält, haben mich zum Glück in vollem Ausmaß getroffen und ich bin zutiefst dankbar dafür.

MIT KINDERN NEUE WEGE GEHEN: INSELN FÜR ANDERE LEBENSFORMEN

DER ANDERE ALLTAG

Was bedeutet es, im Alltag, authentisch zu leben, den Bedürfnissen der Kinder und uns Erwachsenen gerecht zu werden und achtsam mit unserer Umwelt zu leben? Und zugleich darauf zu achten, dass die Kinder so heranwachsen, dass sie weiterhin kreativ sein können, neugierig und selbstbestimmt und genauso eine Wahlfreiheit und die Selbstwirksamkeit ihrer Handlungen erleben können?

In Anbetracht der kritischen Situation unseres Planeten ist es mir zusätzlich wichtig, ökologisch und nachhaltig zu leben, sodass unsere Kinder eine Zukunft auf dieser Erde haben. In diesem Kapitel möchte ich über meine Gedanken und Wege dazu berichten.

ECHTE ABENTEUER

Einen großen Erfahrungsschatz, den viele Kinder nicht mehr gewinnen, sind echte Abenteuer. In unserer Welt, wo die Kinder immer mehr behütet sind, gibt es kaum noch die Möglichkeit, selber eine Schwierigkeit zu bestehen, um daraus zu lernen und zu wachsen. Dabei machen Abenteuer so wahnsinnig viel Spaß! Ich kann mich noch gut an meine Spiele als Kind erinnern: Wir spielten Indianer – heute würde ich Native Americans sagen – und haben unsere Büffelherden gehütet und ausbrechende Büffel wieder eingefangen. Das waren die Schafe des Nachbarbauern in unserem Urlaub.

Diese wahren Abenteuer sind für uns Erwachsene oft ganz klein, für die Kinder aber riesengroß. Und in ihrer Phantasie werden sie womöglich noch viel größer.

 *Meine Kinder beispielsweise beginnen, im Garten ein Loch zu graben, um bis zum Erdkern vorzustoßen. Seit es immer wieder Kupferdiebstähle bei der Eisenbahn gibt, sammeln sie ganz viel altes Kupfer, um damit so richtig reich zu werden. Jedes ausgediente Elektrogerät wird als Schatz nach Hause geschleppt, um dann fachmännisch im Keller zerlegt zu werden und das Metall zu gewinnen. Denn immerhin wollen sie damit sich ein Schiff kaufen, um Haie zu retten!*

Ein Abenteuer ist es auch, einen gegen die Fensterscheibe geprallten Vogel zu versorgen, bis er wieder fit ist und fliegen kann. Aus chemischer Sicht abenteuerlich ist es, wenn sie beispielsweise Versuche machen, mit Backpulver und Essig einen Korken „explodieren" lassen. Sie haben sich auch schon ein Floß gebaut, um damit die Donau entlang zu fahren. Ebenso war ein Lager im Wald dran, um Tiere zu beobachten.

Dies alles sind Momente, in denen meine Kinder mit leuchtenden Augen vor mir stehen und sich unheimlich stark und mächtig sehen. Sie gehen voller Tatkraft ans Werken und entdecken in ihrer Phantasie die Welt neu. Falls das Ziel mal nicht erreichbar ist: Kein Problem. Das Floß wurde damals zu Wasser gelassen und hielt nicht stand: Sie haben es daraufhin gleich in ein Lagerfeuer umfunktioniert!

 Meine älteren Kinder haben auch schon viele Ideen gehabt, um sich selbst und ihre Grenzen kennenzulernen. So ist Lukas mit einem Freund per Kompass durch den Wienerwald marschiert, immer gerade, mit dem Ziel, bei dem Freund zu Hause anzukommen. Die Entfernung nach Luftlinie waren wohl zehn Kilometer. Doch keiner hatte bedacht, dass es permanent in Täler hinab und wieder hinauf ging. Nach sechs Stunden kamen sie ziemlich erschöpft und überglücklich am Zielort an.

Abenteuer erleben Kinder auch dabei, den eigenen Körper sowie den des Freundes oder der Freundin kennen zu lernen. Es ist ein achtsames und vorsichtiges Herantasten, ein In-sich-Hineinspüren, was einem selbst gut tut, und ein Austauschen darüber, wie es dem anderen geht. Beneidenswert. Da gibt es eine Offenheit, Dinge klar zu besprechen und sich genauso klar abzugrenzen, untereinander – und auch uns Erwachsenen gegenüber.

Viele dieser Abenteuer werden den meisten Kindern leider untersagt, vor allem – so nehme ich an – aus Sorge, es könnte ihnen etwas zustoßen. Wohl aber auch, um sie nicht zu desillusionieren. Ich kann jedoch versichern: Noch niemals haben meine Kinder nach ihrem geplanten Abenteuer, das dann ganz anders verlaufen ist, traurig zu Hause gesessen. Der Weg ist das Ziel und das Abenteuer besteht im Tun, im Ausprobieren und genauso auch im „Scheitern", wobei dies von den Kindern niemals so gesehen wird. Es ist vielmehr ein Umplanen und ein Lernen.

Ein bereits größeres Abenteuer erlebten wir mit Lukas, als er etwa zehn Jahre alt war. Er fuhr von einem Freund aus Wien weg und wollte mit dem Zug zu einem Geburtstagsfest, wo er jedoch nicht ankam. Es war Januar, sehr kalt und es gab Eisregen. Ich hatte absolut keine Ahnung, wo er war.

Systematisch begann ich damit, seinen Weg abzusuchen: In Wien fand ihn die Mutter seines Freundes nicht mehr. Als ich bei der Bahn anrief, erfuhr ich, dass es keinen Unfall gegeben hatte und auch kein verlorenes Kind gefunden worden war. Mittlerweile suchte ich Lukas bereits eine gute Stunde, und das war für eine Strecke von nur fünf Bahn-Stationen etwas lange. Auch bei der Polizei gab es zum Glück keine Hinweise. Dort musste ich mir allerdings den Vorwurf anhören, weshalb er kein Handy bei sich habe und man ihn deshalb nicht peilen könne.

Verwirrt machte ich mich daran, alle Bahnhöfe der Reihe nach abzusuchen, mit dem guten Gefühl, dass er irgendwo frierend stehen müsse. Und da kam ein Anruf von Erwin, meinem Mann, der daheim die Stellung hielt. Er meinte, Lukas sei gerade nach Hause gekommen. Er hätte einen schnellen Zug erwischt, der erst wieder viele Stationen später gehalten habe, und so habe es gedauert, bis er wieder in unserer Gegend gewesen wäre.

Überglücklich saßen wir dann bei einer heißen Schokolade zusammen. Die Mutter des Freundes hatte mir in den ganzen Turbulenzen nahegelegt, Lukas nun doch ein Handy zu kaufen. Als ich dies Lukas vorschlug, meinte er: „Nein, das war ein wahres Abenteuer!" Und dies wäre mit Mobiltelefon einfach nicht möglich gewesen.

Manche Kinder, die das nie im Kleinen durften, möchten später eben doch echte Abenteuer erleben. Sie stehen plötzlich auf einem abgestellten Zugwaggon oder lassen sich auf die Beziehung mit einem unguten Typen ein.

Um möglichst gefahrlos durch die Welt zu kommen, sollte man es wie Ronja Räubertochter machen und sich anfangs mit kleinen Gefahren und Abenteuern auseinandersetzen. Dann braucht es große Abenteuer vielleicht nie oder man kann besser abschätzen, welche Dimension so ein Vorhaben annehmen kann und ob ich es wirklich wagen möchte.

Eine Sache ist dabei ganz wichtig: Mit vielen kleinen Verboten und somit nicht erlebten Abenteuern wird die Lebensfreude abgetötet. Sei es mit dem ersten unvollkommenen Sandkuchen, den ersten unbeachteten Zeichnungen oder als nicht wichtig eingestuften Schätzen, die im Wald zu finden waren und von einem Erwachsenen ins Lächerliche gezogen werden.

Benjamin und Jakob lieben es, Schätze suchen zu gehen. Nach Hochwassern der Donau ist da immer so einiges angeschwemmt, und das ist für die beiden ein echtes Paradies. Auch wenn ihnen inzwischen bewusst ist, dass es an sich auch ganz schrecklich ist, dass diese Schätze anderen Menschen davongeschwommen sind. Jeder rostige Nagel, jede Kupferspule wird gesammelt und mir mit leuchtenden Augen gezeigt. Echte Schätze!

Und da gibt es für mich eine feine Gratwanderung zwischen Vorspielen und Vortäuschen und dem Betreten ihrer Welt. Wenn ich diese leuchtenden Augen sehe, dann spiegle ich ihnen in Worten wider, was ich sehe: „Oh, du hast eine Kupferspule gefunden! Das freut dich!" – „Ja, und ich werde sie für 30 Euro verkaufen, Mama. Und wir werden ur-reich und dann kaufe ich mir das neueste Lego!", antwortet Benjamin und zieht weiter.

Nach einiger Zeit kommen sie dann und legen ihre Schätze hin, sehen sich alles an und entscheiden, was sie wirklich mitnehmen wollen. Dabei werde ich auch nach meiner Meinung gefragt. Und erst dann teile ich ihnen meine Sicht der Dinge mit, ohne von ihnen zu verlangen, dass sie meiner Meinung sein müssen.

„Also mir gefällt diese verbogene Gabel gut, die sieht aus wie ein G, damit könnte man etwas schreiben. Und das Kupfer, das müsste man abwiegen, denn so viel ich weiß, kann man 1 Kilo Kupfer für 3 Euro verkaufen. Also sind das vielleicht 30 Cent." – „Ja, und schau, das alte Eisen, das ist urviel wert!" – „Da habe ich keine Ahnung, mir sieht es ein wenig verrostet aus." – „Das müssen wir alles mitnehmen und verkaufen!" – „Also, was ihr mitnehmen wollt, tragt ihr bitte selber. Ich möchte davon nichts tragen. Und ihr könnt euch dann zu Hause schlau machen, wo ihr so etwas verkaufen könnt."

Dann beginnen die beiden meist, so viel wie möglich einzupacken, und zu schauen, was sie wirklich brauchen. Ein Teil der Schätze bleibt zurück. Manchmal wird ihnen das Tragen auf dem Weg auch zu lange, dann wird wieder Ballast abgeworfen.

Bei uns gibt es die Regel, dass diese Schätze im Garten aufgehoben werden, meist bei der Garage. Wenn sie dort längere Zeit liegenbleiben und nicht angesehen werden, was oft der Fall ist, darf ich sie nach einiger Zeit selbst entsorgen (selbstverständlich, nachdem ich das mit ihnen besprochen habe und nicht heimlich). Das Kupfer jedoch wird gesammelt.

Kinder, und Menschen allgemein, in ihrer Welt zu besuchen und dort zu lassen, ist einer meiner Pfeiler im Leben. Ich will niemanden aus seiner Welt herausreißen, ich kann ihn dort besuchen kommen. Und ich kann ihn einladen, meine Welt zu besuchen, vielleicht gefällt es ja dem einen oder anderen dort ein Stück weit.

Doch wenn jemand träumt, wie er gerade durch seinen Fund reich wird und sich seine Träume erfüllt, hat er bestimmt keine Lust, in meine reale, banale Welt zu gehen.

Übung für den Alltag

Wo können meine Kinder Abenteuer erleben und frei forschen?

Wie kann ich das fördern?

Welche konkreten Möglichkeiten und Räume kann ich ihnen geben?

KINDER UND MEDIEN: EINEN GUTEN UMGANG FINDEN

Die Nutzung von Hörgeschichten, Fernseher oder Computerspielen ist bei uns zum einen stark eingeschränkt, zum anderen erlebe ich, dass die Kinder so voller Ideen sind, dass sie oft gar nicht dazu kommen, dies zu vermissen. Freitagabend ist „Filmabend“, da suchen die fünf jüngeren Kinder abwechselnd einen Film aus, der dann als Familienfilm geschaut wird. Moritz schläft dabei meist nach Kurzem ein.

Manchmal dürfen sie sich zusätzlich dazu dienstags eine Naturdokumentation ansehen. Die Nutzungszeit von Computerspielen ist bei uns gestaffelt: Benjamin (13 Jahre) darf 1,5 Stunden pro Woche spielen, Jakob (11 Jahre) 1 Stunde und Sarah (9 Jahre) 0,5 Stunden. Tim (6 Jahre) hat 15 Minuten in der Woche. Meist kommen sie erst am Sonntagabend auf die Idee, dass ihre Spielzeit gleich verfällt, da die Tage zuvor so voll waren, dass sie nicht das Bedürfnis danach hatten. Lukas und Laura (18 und 16 Jahre) sind so selbstverantwortlich, dass wir dazu keine Regeln mehr haben und sie beide sehr kompetent mit ihrem Medienkonsum umgehen.

Auf längeren Autofahrten, etwa in den Urlaub, haben wir Hörgeschichten mit, beispielsweise „Pumuckl“ oder „Pippi Langstrumpf“, manchmal auch „Fünf Freunde“. Es geht es uns darum etwas zu finden, das auch wir Erwachsenen fein finden.

Mein Ziel ist es, das Sitzen vor dem Bildschirm nicht als Ersatz für Abenteuer und eigenes Erleben zu verwenden. Kinder, die keine echten Abenteuer erleben dürfen, bekommen nämlich oft die Möglichkeit, via PC solche Erlebnisse simuliert zu erfahren. Doch dies ist nicht einmal ein müder Abklatsch der Realität, da man diese unechte Welt weder riechen, schmecken, noch haptische Erfahrungen in ihr machen kann. Dennoch lassen sich Kinder magisch in den Bann des PCs ziehen, denn an sich brauchen sie ja diese Erfahrungen.

Vor 20 Jahren habe ich bei meinem Psychologiestudium in einem Seminar „sinnvolle“ PC-Spiele kennengelernt. Da war zum Beispiel eines, bei dem der Spieler verschiedene Bälle (vom Medizinball bis zum Ping-

Pong-Ball) anklicken konnte, und die fielen dann auf den virtuellen Boden, jeder prallte anschließend auf seine Art vom „Boden" hoch. Mein Argument, dass es doch armselig sei, ein Kind vor den Computer zu setzen, anstatt ihm fünf verschiedene Bälle in die Hand zu drücken, wurde jedoch damals schon abgeschmettert. Verrückte Welt!

Kein Computer, auch nicht das Buch, kann all die Sinneserfahrungen wiedergeben, die Menschen in der echten Realität erleben können. Der PC vermittelt nicht den Geruch des Waldes kurz vor dem Gewitter, und nur wenn Kinder das erlebt haben, können sie später einmal an jenem charakteristischen Geruch erkennen, dass es wohl gut ist, jetzt umzukehren.

Sie fühlen nicht die gleiche Anspannung und Freude bei Computerspielen, als wenn sie Verstecken oder Räuber und Gendarm spielen. Echte Spiele gehen durch den ganzen Körper und geben ein volles Gefühl – das Gefühl, tatsächlich etwas erlebt zu haben, sich echt zu spüren, völlig hungrig und ausgepowert nach Hause zu kommen. Das kann einem ein kleiner Kasten vor der Nase niemals auch nur annähernd ersetzen.

Ein guter Verzicht ist auch das eigene Handy. Lukas hat seines mit 12,5 Jahren bekommen, Laura hat erst mit 14 Jahren den Wunsch geäußert, eines zu haben. Das öffnet wieder den Raum für eigene Abenteuer, zum Beispiel, eine Person zu finden, die kurz das Handy ausborgt, damit sie mich anrufen können. Und sie lernen so, zumindest die drei wichtigsten Telefonnummern auswendig zu können.

Selbst Hörbücher brauchen ihren richtigen Zeitpunkt. Laura hatte vor einiger Zeit Feuer gefangen für die „Wilden Hühner", eine Mädelsclique, die allerlei Abenteuer erleben. Wir haben alle gerne die Bücher abends gemeinsam gelesen. In einer Zeit, in der ich stark beschäftigt war und wenig Zeit hatte, hat Sarah begonnen, die Hörgeschichten zu hören. Sie war damals gut drei Jahre alt.

Nach und nach hat Sarah angefangen, die Realität mit der Geschichte zu vermischen. Wenn wir meinten, ihre Oma käme zu Besuch, dachte sie, das sei die Oma Settberg aus der Geschichte. Da läuteten bei mir alle Alarmglocken und mir war klar, dass Sarah noch zu klein war, um Hörgeschichten anzuhören.

Oft ist es für uns Erwachsene kurzfristig leichter, den Kindern abends eine Hörgeschichte anzubieten, als selbst vorzulesen. So genährt und miteinander tief verbunden wie beim Vorlesen bin ich mit meinen Kindern jedoch niemals, wenn wir uns gemeinsam einen Film ansehen oder im Auto eine Geschichte anhören. Und oft erlebe ich, dass die Kinder nach einem Film oder einer PC-Spielzeit unausgeglichen und fordernd sind. Fordernd nach mehr Input von außen, nach noch mehr Bildschirmkonsum.

Für mich fühlt es sich so an, als ob sie versuchen, ein Bedürfnis zu stillen, das vor dem Bildschirm – ganz gleich, ob es sich um einen PC, ein Tablet oder ein Smartphone handelt – nicht gestillt werden kann. Oder nur in so geringen Dosen, dass sie immer mehr wollen: Zuwendung, Abenteuer, sich spüren.

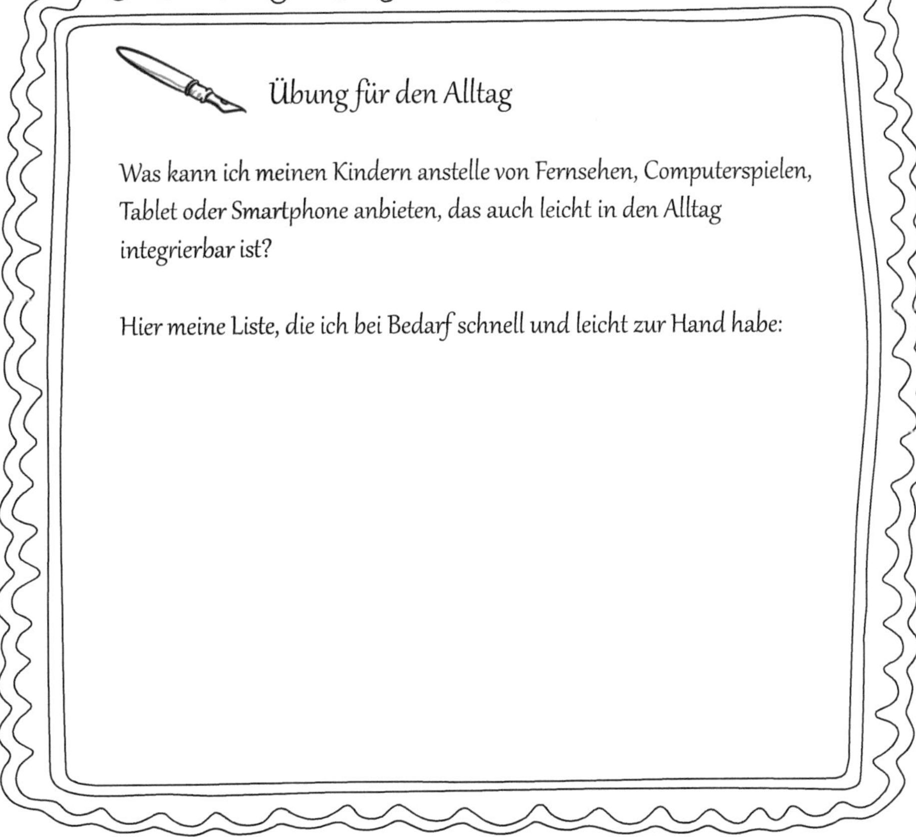

Übung für den Alltag

Was kann ich meinen Kindern anstelle von Fernsehen, Computerspielen, Tablet oder Smartphone anbieten, das auch leicht in den Alltag integrierbar ist?

Hier meine Liste, die ich bei Bedarf schnell und leicht zur Hand habe:

MEINE KLEINEN LEHRMEISTER

Es gibt Augenblicke, da habe ich den Eindruck, dass das Leben mir eine Lektion erteilen möchte. Manchmal verstehe ich diese Lektion schon beim ersten Mal, manchmal dauert es länger, bis ich es verstanden habe. Hier ein Beispiel dazu:

Eine Situation, die ich schon öfters erlebt habe, ist, dass meine Kinder daheim etwas vergessen haben und ich nochmals zurück in unser Haus laufen muss. Früher habe ich mich meist darüber geärgert. Dann ist mir aufgefallen, dass zumeist ich etwas Wesentliches vergessen habe, und ich also nicht wegen eines bestimmten Autos, der Wasserflasche oder anderen Kinderdingen zurückging, sondern weil ich noch etwas brauchte und mir das nicht bewusst war.

Entweder hatte ich vergessen, die Herdplatte abzudrehen, oder etwas mir persönlich Wichtiges. Seitdem bin ich jedes Mal neugierig, welche Information mir das Leben schenken möchte, wenn ich wieder einmal zurück ins Haus eile.

Und nicht immer ist es so, dass ich etwas vergessen habe: Dann hat das Schicksal vielleicht schützend seine Hand über uns gehalten, denn wären wir fünf Minuten früher an einer Ampel gestanden, hätten wir vielleicht einen Unfall gehabt.

Von diesen kleinen Lehrstücken gibt es viele, jedes Leben hält sie bereit, wir müssen nur gewillt sein, dem Leben zuzuhören, welche Botschaften es uns mitgeben möchte.

Übung für den Alltag

Zum Reflektieren: Welche Lehrstücke hält mein Leben für mich parat?

Gibt es Situationen, die immer wiederkehren, die mir etwas sagen wollen?

ALLTÄGLICHE WERTSCHÄTZUNGEN

Im Alltag ist es im Zusammenleben rasch geschehen, dass nur die negativen Sachen gesehen werden. Dann wird Kritik geäußert und das Positive wird als selbstverständlich angesehen. Diese kleinen und wiederholten Kritikpunkte sind Gift für jede Seele, ganz besonders für die der Kinder.

Damit meine ich folgende Situationen:

Moritz ist mit seinen 2,5 Jahren gerade dabei, sich selbst das Frühstück herzurichten und leert das Joghurt in seine Frühstücksschüssel. Dabei geht die Hälfte des Joghurts in die Schüssel, die andere Hälfte rinnt auf den Tisch. Nun gilt es die positive Seite zu sehen: „Du hast es geschafft, Joghurt einzufüllen! Super!"

Wenn die Schuhe alleine angezogen sind, dann ist es völlig gleich, ob links und rechts vertauscht sind. Da kann ich durch kleine Sätze Welten erhalten, Kompetenzen der Kinder stärken, ihnen Selbstvertrauen mitgeben und sie in ihrem Lernen, ihrem Wissen, ihrer Größe sehen. Ich kann sie zu Königinnen und Königen werden lassen, indem ich bewundere, was sie alles schaffen.

Hingegen kann ich meine Kinder ganz schnell zu kleinen, dummen, unfähigen Geschöpfen degradieren, aus denen wohl nie etwas werden wird, wenn ich sage: „Ach, du hast die Schuhe verkehrt angezogen." Oder: „Oh Gott, wie sieht es denn hier aus!"

Übung für den Alltag

Ich achte darauf, etwas Positives zu sehen bei etwas, wo mir sonst nur das Negative auffällt.

Ich gebe diese Freude an die Kinder weiter.

WENIGER IST OFT MEHR

Als ich mit Lukas, meinem Ältesten, schwanger war, wurde mir von ganz vielen Seiten erklärt, was ich jetzt alles bräuchte und wie teuer so ein Kind doch sei. Ich hätte mir das alles gut überlegen sollen: mit 24 Jahren ein Kind und noch mitten in der Ausbildung.

Ich habe festgestellt: Das meiste, von dem uns eingeredet wird, dass wir es brauchen, ist völlig unnötig. Vieles hindert uns sogar daran, mit unserem Kind und uns selbst in Kontakt zu sein und zu bleiben.

Als Allererstes kann man auf **Schnuller** verzichten. Ein Baby hat das Bedürfnis nach Geborgenheit, Schutz und Wärme. Am allermeisten bekommt es das, wenn es gestillt wird, so kann es nochmals mit seiner Mutter verschmelzen.

Selbst wenn das Stillen als Nahrungsquelle nicht funktioniert, das Stillen des Bedürfnisses nach Nähe, Liebe und Geborgenheit ist dennoch so möglich, und auch das Bedürfnis des Nuckelns ist an der Brust zu befriedigen.

Zugleich war es mir auch immer wichtig, auf die Signale meines Babys zu achten: Was hat es gerade erlebt? Welche Gefühle drückt es aus? Was braucht mein Baby gerade? Hat es Hunger, schmerzt ihn der Bauch oder braucht es Körperkontakt?

Wenn ich nicht in Kontakt mit meinem Kind kommen möchte, dann kann ich ihm einfach einen Schnuller in den Mund schieben und es ist ruhig – der erste Schritt zu einer Sucht ist vielleicht gelegt. Ich habe oft den Eindruck, dass ein Bedürfnis so lange wach ist und „schreit", bis es erfüllt ist. Manche dieser Bedürfnisse wurden bei vielen Erwachsenen niemals ganz erfüllt und sie rufen noch immer nach Erfüllung. Viele Süchte könnten wohl geheilt werden, wenn diese Ur-Sehnsucht erkannt würde. Und viele Probleme könnten verhindert werden, wenn wir achtsam mit unseren Kindern sind.

Bei jedem Weinen dem Kind statt dem Schnuller nun die Brustwarze in den Mund zu schieben, ist dennoch nicht die Lösung. Es geht um das

Sehen und Hören, nicht um das Stillkriegen des Kindes mit einer Ersatzbefriedigung.

Eine weitere Errungenschaft der modernen Gesellschaft, die es geschafft hat, uns unseren Instinkt auszutreiben, ist das **Baby-Phone**. Für mich war es immer klar, dass unsere Neugeborenen neben meinem Bett schlafen und die jüngeren Kinder in einer Distanz zum Schlafzimmer, dass ich sie gut hören kann bzw. sie selbst in der Nacht zu uns kommen können. Sobald die ganz Kleinen munter wurden, spürte ich oft ein Ziehen in der Brust, obwohl ich sie noch nicht gesehen oder gehört hatte. Ich wusste, dass mich eine innere Stimme zu meinem Kind treibt.

Durch diese offene Verbindung zwischen Baby-Bett und unserem Bett haben die Jüngsten sehr schnell gelernt, alleine aus dem Bett zu kommen. Das hat das Leben um Vieles vereinfacht.

Auch unzählige **Schutzmaßnahmen** sind vollkommen unnütz. Es gibt Kantenschutzkappen, Finger-nicht-Einzwick-Spangen und diverse Absperrungen – all das verhindert, dass Kleinkinder lernen können, mit Gefahren umzugehen.

In unserem Haus gibt es eine Treppe, die interessant wird, sobald ein Kind gut robben kann. Alle meine Kinder lagen lange davor auf dem Boden und versuchten, mit ihren Händen die darunterliegende Treppe zu erreichen. Nach ein paar Versuchen begannen sie dann, etwas weiter zu robben, um mit dem Gleichgewicht zu üben. Manche meiner Kinder waren damit zufrieden, manche wollten dort ganz ihre Grenze spüren.

Wenn ich sie an der Stufe sah, habe ich mich so zu ihnen gesetzt, dass ich sie auffangen konnte, wenn sie das erste Mal das Gleichgewicht verloren. Verdattert lagen sie dann auf den Stufen und wussten: So geht das nicht. Vielleicht brauchte es noch ein paar weitere Versuche, doch dann war klar: Die Treppe ist nichts für sie. Zumindest nicht von oben, denn sehr bald fanden sie heraus, dass man von unten gut hinaufklettern kann. Sobald das Hochklettern gelang, hat jedes seine eigene Technik entwickelt, um auch von oben die Treppe wieder hinunter zu kommen, meist mit den Füßen voran auf dem Bauch hinunterrutschend und krabbelnd.

Genauso erlebe ich Gehhilfen, die glücklicherweise sogar von Ärzten kritisiert werden. Sie sind gar nicht nötig, denn Kinder lernen das Gehen ganz von allein. Wenn ein Kind seine Fähigkeiten so weit entwickelt hat, dass es bereit ist, zu gehen, macht es von selbst die ersten Schritte, meist von einem Stuhl ein paar Schritte zu einem nächsten Gegenstand in seiner Höhe.

Werden Kinder hingegen ständig an den Händen gehalten, dann heben sie auch bei Unsicherheiten die Hände in die Höhe. Doch da ist niemand, der sie auffängt. Anstatt schützend ihre Hände vor den Körper zu halten, fallen sie dann schutzlos hin. Diese Kinder erkennt man daran, dass sie oft ziemlich zerschrammte Gesichter haben.

Andere Lernbehinderungen sind **Spielgeräte**, die Kinder nicht alleine betätigen können, wie Babyschaukel, Kinderwippen und so weiter. Einer meiner Grundsätze ist, dass ich meine Kinder nicht in eine Position bringe, in die sie nicht schon von selbst kommen können. Haben Kinder nicht gelernt, den Weg auf oder in eine Sache alleine zu meistern, ist es schwierig, den Weg herauszufinden. Eine alltägliche Ausnahme ist bei mir der Einkaufswagen, wobei ich es sicherer finde, das kleine Kind nicht in den hohen Kindersitz, sondern in den tief liegenden Einkaufskorb zu setzen.

Die einzige Schutzmaßnahme, die wir zu Hause haben, ist ein Spielgitter. Dies verwenden wir, um das Spiel eines Kindes zu schützen. Bei uns gibt es das als Abgrenzung zu einem Zimmer von älteren Kindern, damit das jüngere sie beim Spiel sehen oder auch durch das Gitter spielen kann, jedoch Legohäuser, Kappla-Bauten und Ähnliches nicht zerstört werden können. Für Dinge, vor denen das kleinste Kind geschützt werden muss oder die wir vor dem kleinsten Kind bewahren wollen, sind hingegen wir verantwortlich. Es ist unsere Aufgabe, gefährliche Sachen (zum Beispiel Spülmittel) und empfindliche Dinge (zum Beispiel eine Bastelei aus dem Kindergarten) sicher zu verwahren.

Schwimmhilfen sind für mich ebenfalls in die Kategorie unnötiger Begleiter einzuordnen. Ich habe gemerkt, dass es wichtig ist, Respekt vor dem Wasser zu haben. Den kann ein Kind nicht gewinnen, wenn die Schwimmhilfe zu unangemessenem Umgang mit Wasser geradezu motiviert.

Mit meinen Kindern im Krabbelalter habe ich immer Plätze ausgesucht, bei denen es sanft ins Wasser geht. Dort konnten sie am Rande des Wassers spielen, hineinkrabbeln und sich auch einmal so weit vorwagen, dass sie den Kopf unter Wasser bekommen haben. Da ich immer daneben war, konnte ich sie dann in Ruhe aus dem Wasser dorthin bewegen, wo sie wieder Boden unter Knien und Händen hatten. Teilweise hat ihnen dieses Untertauchen auch schnell Spaß gemacht und sie haben mit dieser Grenze Wie-weit-kann-ich-gehen gespielt. All meine Kinder begannen irgendwann ganz von selbst, sich selbstständig über Wasser zu halten und fortzubewegen. Alle haben Schwimmen durch Tauchen gelernt.

Ein Beispiel:

Lukas liebte es, vom Rand des Schwimmbeckens zu springen. Und zwar dorthin, wo er nicht mehr stehen konnte. Dabei maß er die Weite des Sprunges so ab, dass er mit einem Satz am Rand des Beckens wieder ankam. Ein anderer Junge, der etwa fünf Jahre alt war, beobachtete ihn schon die ganze Zeit. Er wollte es Lukas nachmachen, das ging jedoch nicht, da er mit den Schwimmflügeln nicht untergehen konnte. Als er in einer Schwimmpause ohne Schwimmflügel am Rand saß und seine Mutter mit der kleinen Schwester aufs WC ging, lief er rasch zu Lukas und sprang auch hinein. Er ging im Wasser unter wie ein Stein. Der Bademeister zog ihn schnell wieder heraus. Die Mutter war bei ihrer Rückkehr völlig entsetzt und der Junge echt geschockt.

Ich erkenne in vielen Hilfsmaßnahmen und -geräten den Wunsch der Eltern, Schmerz bei ihren Kindern zu vermeiden. Doch oft wird so ein Lernprozess vermieden. Einiges lernt man aber eben erst durch Schmerz, manchmal im wahrsten Wortsinn.

Ich erinnere mich in diesem Zusammenhang daran, dass alle unsere Kinder eine Zeit lang unter unserem Esstisch aufrecht durchgehen konnten, bis sie plötzlich zu groß waren und sich den Kopf anstießen. Sie liefen noch zwei bis drei Mal gegen die Tischplatte, bis sie sich gemerkt hatten, dass das nun nicht mehr möglich war.

Bei den meisten Schutzmaßnahmen wird dem Kind letztlich eine falsche Realität vorgetäuscht, wobei die Wirklichkeit dann gefährlich werden kann. Ich möchte hier keinen Aufruf starten, Kindern ungehindert Zugriff auf alle gefährlichen Geräte im Haus zu geben.

Es geht vielmehr um ein miteinander Kennenlernen, ein Zusehen, was da gemacht wird, ein gemeinsames Ausprobieren und ein klares Abschätzen der Fähigkeiten des Kindes. Dieses Ausprobieren geht nicht immer ohne Fehler oder kleine Verletzungen. Doch ist es oft besser, eine kleine Schnittwunde vom Sägen mit vier Jahren zu haben, wenn die eigene Kraft noch nicht so groß ist, als sich mit 15 Jahren im Übermut mit der Kettensäge die Hand zu verletzen.

Zu meinen Überzeugungen gehört auch, dass ich beschlossen habe, meine Kinder ohne Angst zu begleiten.

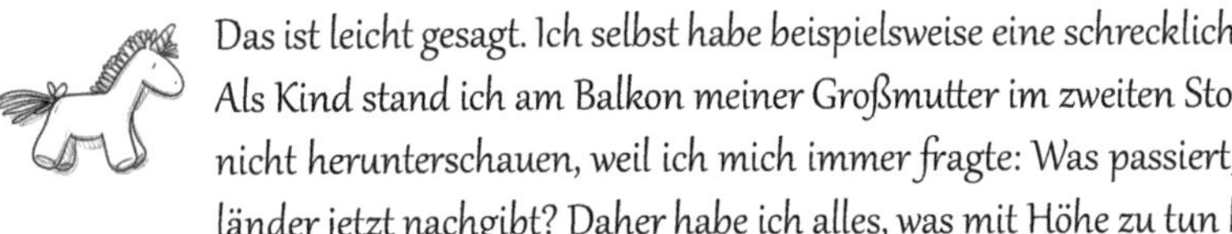

Das ist leicht gesagt. Ich selbst habe beispielsweise eine schreckliche Höhenangst. Als Kind stand ich am Balkon meiner Großmutter im zweiten Stock und konnte nicht herunterschauen, weil ich mich immer fragte: Was passiert, wenn das Geländer jetzt nachgibt? Daher habe ich alles, was mit Höhe zu tun hat, an meinen Mann abgegeben beziehungsweise an Freunde und Freundinnen, die gerne klettern gehen. So kann meine Angst nicht auf meine Kinder übertragen werden und ich kann sie eine Erfahrung machen lassen, die sie für ihr Leben brauchen.

In vielen anderen Situationen kann ich ihnen Sicherheit und Vertrauen schenken anstelle von Sorge. Wenn meine Kinder „waghalsige" Kunststücke am Spielplatz machen, dann kann ich sie bewundernd ansehen und ihre Fähigkeiten bestaunen. Ich muss ihnen nicht zurufen: „Fall nur nicht runter!" Ich kann ihnen zumuten, sich selbst einzuschätzen, um dann aus ihren Erfahrungen zu lernen. Sie tun das verlässlich.

Wenn sie beispielsweise in den Wald bei unserem Garten gehen, um sich dort ein Nachtlager bauen, kann ich sie in Liebe begleiten, mit ihnen die Sachen herrichten und ihnen einen schönen Abend wünschen. Ich kann darauf vertrauen, dass sie wiederkommen, wenn es ihnen doch zu unheimlich wird.

Das war bisher immer der Fall, bis sie etwa zwölf Jahre alt waren. Dann kann ich ihnen in Liebe die Türe öffnen und sie sich in ihr Bett kuscheln lassen, ohne dass sie als gefallene Helden dastehen. Denn sie sind losgezogen, um ihre eigene Erfahrung zu machen.

Übung für den Alltag

Zum Reflektieren: Wo versuche ich, mein Kind zu sehr zu schützen, und lasse es nicht seine Erfahrungen machen?

Wie kann ich mit meiner Sorge dabei umgehen?

Welche ersten Schritte kann ich mir konkret vornehmen?

EINS MIT DER NATUR SEIN
ALS WALDKINDER

Der magischste Ort, den ich bisher gefunden habe, ist unser Naturheilraum, ein riesiges Wald- und Wiesengrundstück, in dem vormittags die Waldkinder betreut werden. Als ich das erste Mal von ihm hörte, lebten wir noch in Wien und waren auf der Suche nach einem Haus in der Nähe der von uns ausgewählten Schule. Für uns alle fühlte es sich stimmig an, in der Natur zu sein und die Kinder achtsam und liebevoll zu begleiten.

Es war März und Lukas' letzte Kindergartenmonate brachen an. Der Schnee hing auf den Bäumen, während wir durch den eisigen Wienerwald fuhren. Oder es regnete und fühlte sich an, als würden wir gleich Berggorillas begegnen, weil wir durch den tiefsten Dschungel reisen mussten...

Die Anstrengung des täglichen Fahrens brachte die Klarheit und Entschlossenheit für einen Ortswechsel, so dass wir innerhalb von zwei Monaten schließlich unser Haus fanden und nun in Gehnähe zu eben jenem Naturheilraum wohnen. Ganz besonders genoss ich die Herzlichkeit und Offenheit der anderen Mütter, die uns willkommenhießen. Binnen kürzester Zeit knüpften wir viele Freundschaften und fanden Unterstützungsangebote.

Der Alltag der Waldkinder ist eingebettet in Rituale, die den Kindern Orientierung geben. In der Früh, wenn die Flöte den gemeinsamen Start vom Treffpunkt ankündigt, marschieren die Kinder den Berg zwischen Ribiselsträuchern, Nuss- und Obstbäumen hinauf, vorbei an den Waldschafen, Hühnern und dem Hahn Gustav. Ganz lange war der mittlerweile verstorbene Waldkindergartenhund ein ständiger Begleiter.

Oben angekommen verschwinden sie in alle möglichen Spiellandschaften. Da ist ein Baumhaus auf dem Kirschbaum, eine riesengroße Sandgrube, verschiedene Schaukel- und Klettermöglichkeiten, eine Feuerstelle und ganz viel Natur zum Spielen. Mit einem herrlichen Ausblick gibt es viel Ruhe zum Entdecken, Staunen, Spielen, Raufen und Erforschen.

Die Kinder sind bei jedem Wetter im Freien. Falls es gar zu schlimm regnet oder zu kalt ist, haben sie die Möglichkeit, sich im „Schneckenhaus" zu wärmen und dort zu spielen. Dasselbe Holzstück ist einmal ein Auto, dann ein Hammer und dann eine Puppe. Hinzu kommt noch das Einssein mit der Natur, die Jahreszeiten hautnah zu erleben genauso wie das Gewitter – sich selbst als Teil dieser Welt zu sehen.

Im Frühjahr sammeln die Kinder die ersten Leberblümchen, naschen im Juni die Kirschen vom Baum und pflücken Ribiseln, im Herbst können sie Bohnen ernten oder Kastanien sammeln und im Winter den Matsch genießen, vielleicht sogar mal wieder Schnee.

Neben all den Schmetterlingen, Regenwürmern und Insekten gibt es noch unendlich viele Pflanzen zu entdecken. Die Kinder wissen, welches Holz gut zum Feuermachen ist, womit man gut Pfeile schnitzen kann und wie sie sich selbst kleine Gefäße aus Blättern und Zweigen herstellen können. Sie kennen genießbare Pflanzen und sind im Frühjahr dabei, wenn die Schafe geschoren werden oder wenn es Lämmchen gibt. Und genauso erlebten sie schon einmal mit, wie die Hühner durch den Fuchs dezimiert wurden, bis nur noch eines übrig blieb, und wie „unser" Kindergartenhund so krank wurde, dass er nicht mehr mit den Kindern den Berg hochgehen konnte.

Meinen Kindern hat das allen unendlich gut getan. Hinzu kommt noch die liebevollste Begleitung, die ich mir für sie wünschen konnte und kann. Bei Konflikten haben sie die Zeit, selbst ihre Wege zu finden. Sie werden nicht in brave oder schlimme Kinder eingeteilt. Jeder hat die Möglichkeit, sich mit seinen Fähigkeiten einzubringen, mitzuhelfen, wenn Kleinholz gemacht wird, Tiere zu betreuen oder im Gemüsegarten zu werken.

In meinen neun Jahren als Kindergartenmutter habe ich noch nie ein standardisiertes, von einer Betreuerin liebevoll gebasteltes Muttertags- oder Weihnachtsgeschenk bekommen. Wenn meine Kinder etwas gebastelt haben, dann immer das, was sie wollten und wie sie es wollten.

Besonders freut mich, dass es in unserer frauendominierten Kinderwelt im Kindergarten sowohl weibliche als auch männliche Betreuer gibt. Mittags bildet eine Geschichtenzeit den Abschluss, in der die Betreuer die lustigsten und spannendsten Geschichten von Piraten, Räubern oder sprechenden Schildkröten erfinden. Es ist wundervoll, mittags nach Lagerfeuer riechende Kinder abzuholen, die kein Interesse für verschiedene Automarken oder das neueste Computerspiel haben, sondern Bäume an ihren Stämmen und Blättern erkennen.

Abgerundet wird dies durch eine tiefe Freundschaft, die mich mit vielen Eltern und auch mit dem Team des Naturheilraums verbindet, und das Wissen, dass hier viele unterstützende Hände sind, wenn es bei uns gerade einmal eng ist. Sei es, dass ein Kind krank ist oder dass ich mittags nicht zum Abholen kommen kann, weil ein jüngeres Kind gerade seinen Mittagsschlaf hält. Dann findet sich ein Weg, wie meine Kinder wieder zu mir kommen.

Die Waldkinder sind nachmittags zu Hause, was für viele arbeitende Eltern ein Hindernis scheint. Bisher hat sich jedoch immer eine Möglichkeit gefunden, dass die betreffenden Kinder am Nachmittag zu anderen Familien kommen und so dennoch diesen besonderen Ort besuchen können.

Ich selbst erlebe, dass meine Kinder ab Mittag oft sehr erschöpft sind und selbst dann, wenn sie Freunde bei sich haben, oft mit sich selbst beschäftigt sind oder alleine spielen wollen, um all das Erlebte verarbeiten zu können und wieder zu sich zu kommen. Haben sie diese Ruhezeit nicht, sind sie oft am späteren Nachmittag grantig und tobend, da ihnen alles zu viel wird.

Auch dann, wenn sie über ihre eigenen Grenzen gegangen sind und vielleicht doch bei einem Freund oder einer Freundin waren, bemerke ich, dass sie dann, wenn sie wieder ins sichere und vertraute Zuhause kommen, all die Erschöpfung des Tages „heraustoben" müssen. Da ist es für mich sehr hilfreich, das nicht auf die momentane Situation bei uns zu beziehen, sondern ihre Überforderung zu sehen und daraus für uns alle zu lernen.

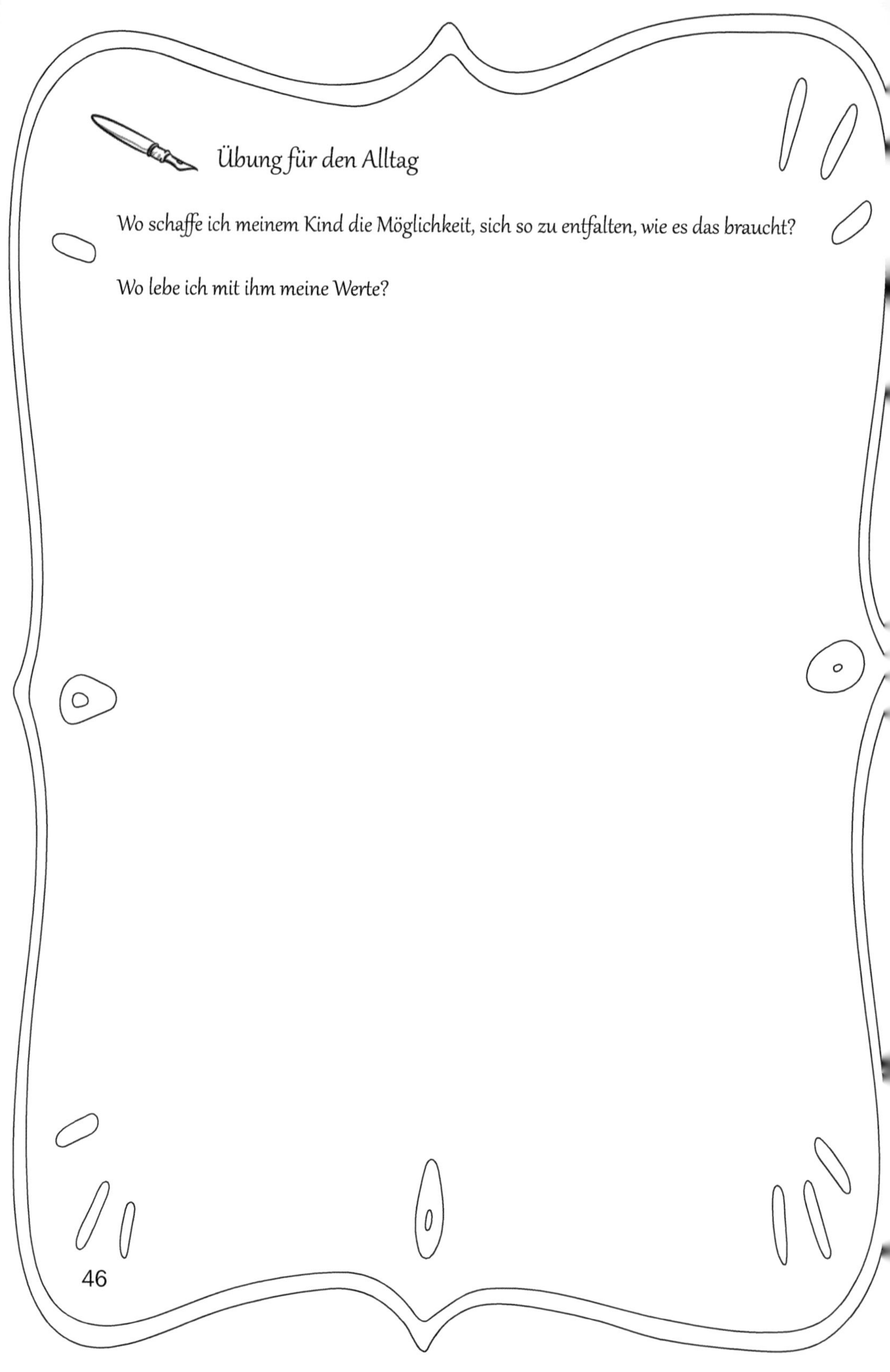

Übung für den Alltag

Wo schaffe ich meinem Kind die Möglichkeit, sich so zu entfalten, wie es das braucht?

Wo lebe ich mit ihm meine Werte?

NUR WER NEUE WEGE GEHT, HINTERLÄSST SPUREN: „ALTERNATIVSCHULE"

Nach dem Lesen der Bücher von Rebeca Wild und Maria Montessori war uns bald klar, dass eine Regelschule für uns nicht in Frage kam. Zu sehr hat mich das Lesen der Bücher fasziniert.

Meine eigenen unangenehmen Erfahrungen in der Schule bewogen mich ebenso dazu, dass ich dies meinen Kindern nicht antun wollte.

Eine meiner Erinnerungen an die Volksschule war, dass ich beim Schulkonzert aus voller Kehle freudig mitsang, bis mich meine Volksschullehrerin unterbrach. Sie kam auf uns Kinder zu, hörte in die Gruppe hinein und sagte dann: „Hanna, du singst so falsch, du darfst nur deine Lippen bewegen, aber nicht singen." Ich liebte und liebe Singen, damals wollte ich sogar Opernsängerin werden: Doch das war durch diesen Satz vorbei.

Im Gymnasium hasste mich meine Englischlehrerin, vor jeder Englischstunde fürchtete ich mich. In anderen Fächern, die mir wirklich lagen, langweilte ich mich, weil der Unterricht nicht interessant war. Anderen Fächer, Geschichte zum Beispiel, hätten mich wirklich interessiert, aber der jeweilige Lehrer konnte kein Feuer für die Themen bei mir entfachen.

Aber nicht, um meine eigene Geschichte aufzuarbeiten, sondern um meinen Kindern zu ermöglichen, nach ihren Interessen und Schwerpunkten zu lernen, entschieden wir uns für eine Schule, die sich an den Überzeugungen von Rebeca Wild und Maria Montessori orientierte. Und nach über zwölf Jahren freue ich mich noch immer jeden Tag, dass meine Kinder dort in die Schule gehen, und habe es nicht bereut.

Ob ich Angst hatte, dass meine Kinder etwas Wesentliches nicht lernen würden? Nein, ich hatte ja auch die Sicherheit, dass sie von selbst lernen, zu gehen oder sich auf den Bauch zu drehen. Und zugleich hatte ich in der Schule so Vieles auswendig nachgesagt und dennoch nicht gelernt. Ich schenkte ihnen ein großes Stück Freiheit und eine Riesenportion Vertrauen in ihre Fähigkeiten.

Nach wie vor ist es spannend zu sehen, wie sich meine Kinder für die verschiedensten Sachen interessieren. Am wichtigsten war immer das Ankommen im Freundeskreis, seinen Platz in der Gruppe zu finden. Dies passierte manchmal schneller, manchmal langsamer. Laura brauchte acht Monate, um ganz in der Schule anzukommen. Jakob, der auf die Welt kam, als wir schon Teil der Schulgemeinschaft waren, war vom ersten Schultag an begeistert dabei.

Lernprozesse finden in dieser Schule auf mehreren Ebenen statt. Nicht das Lesen, Schreiben oder Rechnen ist die Herausforderung, sondern zu lernen, seinen Weg zu gehen, spüren zu können, wo zieht es mich gerade hin.

Laura beispielsweise hatte keine Freundin aus dem Kindergarten mitgebracht. Alle anderen Mädchen kannten sich untereinander. So war ihr Anker ihre Lieblingslehrerin, der sie auf Schritt und Tritt folgte. Erst mit der Zeit fand sie dann auch in die Mädchengruppen hinein und ist mittlerweile genauso traurig wie ihre Brüder, wenn die Ferien kommen.

Ob es Mut braucht, diesen Schritt in eine Alternativschule zu „wagen"? Ich merke, es hätte Mut und viel Anstrengung gebraucht, mich zu verbiegen. So wäre es gewesen, wenn meine Kinder in eine Regelschule gekommen wären. Alle Kinder lieben es, im Freien zu sein und die Welt zu entdecken.

Der Gedanke, Lukas müsste vier Stunden am Vormittag stillsitzen, war für mich unvorstellbar. Ich sah seine Offenheit und Neugierde aus den Augen blitzen. Die Vorstellung, er müsse sich für das interessieren, was gerade schulisches Thema ist, quälte mich. Ich erinnerte mich, wie er mit seinen fünf Jahren einfach zu einem Glaser gegangen war und wissen wollte, wie Glas gemacht wird. Wie wäre es für ihn gewesen, nur nach vorheriger Meldung fragen zu dürfen?

In unserer Schule hingegen lernen die Kinder besonders viel im Umgang miteinander. Stundenlang werden Sachen getauscht und diskutiert, bis es für alle Beteiligten passt. Konflikte haben Raum und Zeit, um gelöst zu werden. Dabei werden die Kinder kompetent begleitet. Es gibt viele verschiedene Werkstätten, wo sie kreativ werken können, ohne eine genaue Vorgabe zu haben. Es gibt eine Kinderküche, in der sie kochen und backen – und dabei im Vorbeigehen Lesen und Rechnen lernen. Und es gibt diesen herrlichen Garten, in dem Lager errichtet, Gemüse angebaut und Fußball gespielt wird.

Ist da irgendein Haken an der Sache? Zum einen ist es unsere Aufgabe als Eltern, es gut aushalten zu können, wenn unsere Kinder erst mit neun Jahren oder noch später beginnen zu lesen, weil bis dahin möglicherweise andere Sachen viel wichtiger sind. Zum anderen gilt es, unseren Standpunkt anderen Familienmitgliedern, Freunden oder auch Fremden gegenüber zu verteidigen, die skeptisch sind. Das kann bereichernd sein, jedoch auch anstrengend.

Es gibt aber auch noch ein finanzielles Aber. Und dieses Aber ist echt hart, denn freie Schulen werden nach wie vor sehr wenig gefördert. Und so braucht es großes Engagement von den Eltern für Reparaturarbeiten, Elterndienste, Kochen und Organisation, weiterhin die Bereitschaft, das Schulgeld zu zahlen. Wir haben damals beschlossen, statt in einen Bausparvertrag für unsere Kinder in die einzige Sicherheit zu investieren, die sie immer bei sich haben: ihr Wissen und ihre Fähigkeiten, sich frei zu entfalten und leben zu lassen.

Für uns – das stärkt uns – ist die Schule zu einer zweiten Familie geworden, zu einer selbstgewählten. Hier können wir auftanken, wenn es woanders einmal stürmisch ist. Zugleich entsteht über die Schule ein Netzwerk an Unterstützung. Als beispielsweise Benjamin für lange Zeit im Spital war, gab es eine Fülle an Menschen, die uns beistanden, Kinder abnahmen, Essen kochten, Hunde sitteten, …

Immer wieder taucht darüber hinaus die Frage auf – für uns und andere –, was der natürliche Prozess der Entwicklung ist: Ob unsere Gesellschaft die Normen vorgibt oder doch die Natur. Sollen wir uns wider unsere Natur verbiegen, um in die gesellschaftlichen Normen zu passen, oder sollen wir auf die Einschätzungen unseres Umfeldes pfeifen und unserer innersten Stimme folgen? Wer legt fest, was normal und was anormal ist?

Ist es normal für ein sechsjähriges Kind, vier Stunden lang ruhig zu sitzen? Ist es normal, dass unsere Kinder eine Karotte als kleine viereckige Würfel aus der Packung kennen und nicht als erdverkrustete Wurzel? Ist es normal, dass unsere Kinder nicht in Ruhe einen Käfer beobachten dürfen, weil sie schnell in den Kindergarten gehen sollen, im Gegensatz dazu aber ruhig im Unterricht sitzen sollen, um sich etwas anzuhören, was sie gerade gar nicht interessiert? Und ist es normal, von Erwachsenen erklärt zu bekommen, was gerade das Richtige und das Interessante ist?

Ist es hingegen anormal, wenn unsere Kinder neue Sachen ausprobieren und neue Lösungen finden? Und dabei spannende Fragen stellen: Warum wird eine Axt stumpf, wenn mit ihr Erde gehackt wird? Kann ich mit einer Schleifmaschine auch Bleistifte spitzen? Wie viel muss ich essen, bis ich wirklich voll bin? Kann ich so ein tiefes Loch graben, dass ich bis zum Erdkern komme?

WAS ES AUCH NOCH BRAUCHT

Wo es auf der einen Seite Überflüssiges gibt, mit dem wir uns und unsere Kinder nicht belasten wollen, so gibt es auf der anderen Seite Aspekte, die uns besonders wichtig sind und in die wir investiert haben. Das hat nicht unbedingt mit Geld, sondern vor allem mit Zeit zu tun.

Besonders in den ersten Lebensjahren braucht es viel Zeit, in der es gut ist, wirklich präsent zu sein. Während meines Psychologiestudiums haben wir gelernt, dass sich Kinder im Alter von 12 bis 36 Monate stark an ihre Bezugspersonen binden und in dieser Zeit eine externe Betreuung meist nicht günstig ist. Da es mein klarer Entschluss ist, dass ich Kinder habe, damit ich mit ihnen Zeit verbringe und das Leben genieße, war von Anfang an klar, dass sie nicht vor dem dritten Lebensjahr regelmäßig (etwa in einer Krabbelstube oder einem Kindergarten) fremdbetreut werden sollten.

Ganz so streng, wie ich es mir vorgenommen hatte, war es dann nicht immer. Laura wäre wohl am liebsten ewig bei mir zu Hause geblieben und es brauchte eine lange Zeit, bis sie mit vier Jahren in den Waldkindergarten ging. Und Sarah musste von einem Tag auf den anderen im Waldkindergarten sein, da Benjamin im Spital war. Für sie waren der Waldkindergarten sowie die BetreuerInnen allerdings seit langem bekannt, sodass ich dies kaum mehr als „fremd betreut" bezeichnen würde. Alle anderen Kinder wählten den Zeitpunkt, an dem sie mit dem jeweils größeren Geschwisterkind in den Waldkindergarten gingen, selbst – dies war zwischen 2,5 und 3,5 Jahren der Fall.

Um gute Auszeiten für mich zu haben, gab es lange Zeit einen Vormittag, an dem Erwin zu Hause und für die Kinder zuständig war. Auch meine Geschwister sprangen ab und zu ein.

Essentiell ist allerdings nicht nur die Quantität der gemeinsamen Zeit, sondern vor allem die Qualität.

Hier ist es mir wichtig, klare Zeitfenster zu haben,
- *in denen ich meine Arbeiten erledigen möchte,*
- *in denen ich gerne mit den Kindern gemeinsam etwas erledige,*
- *in denen ich den Wünschen der Kinder folge und wir gemeinsam etwas unternehmen, spielen, basteln oder lesen.*

Für solch ein Leben mit Kindern braucht es eine große Portion Mut – oder Naivität. Doch durch das Spüren, wie gut es den Kindern und uns geht und welch innige Beziehung entstehen kann, kommt dieser Mut von selbst. Es ist letztlich der einfachere Weg, stets nur nach seinem eigenen Herzen zu gehen und sich nicht durch die Meinung der Außenwelt beeinflussen zu lassen.

Übung für den Alltag

Gibt es bei uns den Bedarf nach mehr Zeit und Präsenz?

Wie können wir dies ermöglichen?

52

„ANTENNEN" AUSFAHREN

Von uns Eltern braucht es die Verbindung mit unserem Herzen und das Vertrauen, dass wir immer genau spüren, was wir und unsere Kinder brauchen. Das fängt bereits in der Schwangerschaft an. Es ist meist besser und wichtiger, mit sich und dem Kind in Kontakt zu kommen, als Unmengen von Untersuchungen durchzumachen und das Vertrauen an Maschinen und Diagnoseverfahren abzugeben. Besonders wichtig ist es bei der Geburt, mit sich und dem Kind verbunden zu bleiben. So kann zumeist gemeinsam dieser große Schritt ins Leben gut und selbstständig gemeistert werden.

Wenn ich weiterhin mit mir und meinem Kind in Kontakt bin, kann ich sicherer mit Krankheiten umgehen, ich kann meinem Kind mehr zutrauen und meine Angst bei mir lassen. Eigentlich sollte es bei der ersten Schwangerenvorsorge einen Kurs geben „Wie ich bei mir bleibe und zu meinem Instinkt zurückfinde".

Übung für den Alltag

Wenn mein Kind sich „eigenartig" verhält, verstört in negativer oder positiver Hinsicht, wie kann ich mich in die Lage meines Kindes versetzen und vermuten, was in ihm los ist?

Was braucht es gerade?

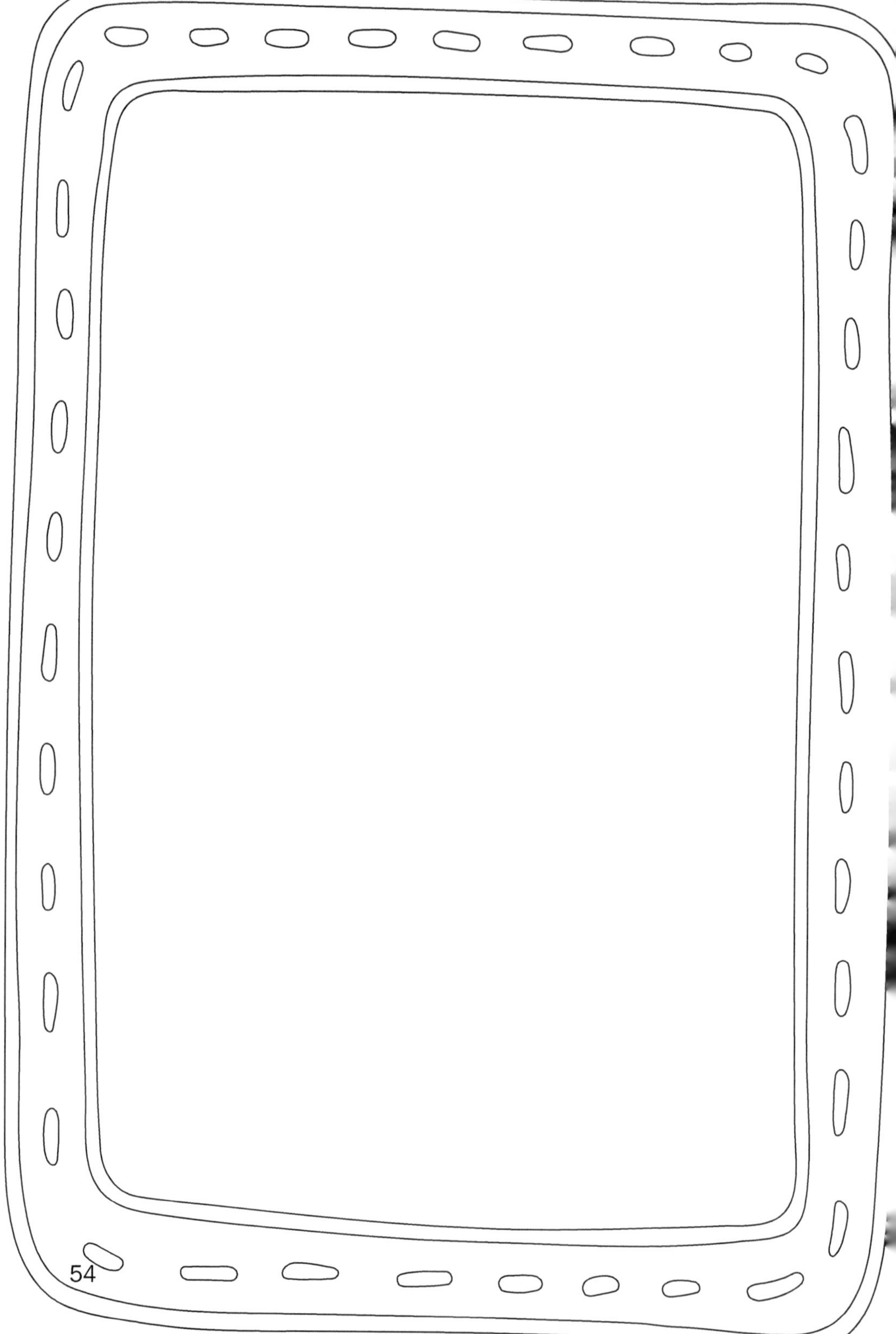

GUTES SPIELZEUG, GUTE SPIELE

Um mit den Kindern in dieser Natürlichkeit zu bleiben, habe ich auch versucht, größtenteils natürliche Spielsachen für sie zu finden, die wirklich gut bespielbar sind. Unsere Holzautos – Radlader, Gabelstapler oder Kran – haben die Kinder nun seit bald 17 Jahren im Dauereinsatz, und im Gegensatz zu Plastikbaufahrzeugen mit vielen spezialisierten Einzelteilen sind die groben Funktionen für die Kinder oft besser verwendbar. Sie leiern mit der Zeit nicht aus, und wenn einmal etwas bricht, kann es wieder gut geleimt werden.

Dinge zu reparieren, macht Kindern viel Spaß. Holzspielzeuge halten es auch gut aus, wenn Kinder darauf sitzen. So besitzen wir zum Beispiel eine Holzkuh auf Rädern, die seit 13 Jahren im Einsatz ist.

Schon oft ist mir aufgefallen, dass Plastikspielsachen so wirken, als könnten sie unglaublich viel und seien täuschend echt. Sobald unsere Kinder kurz mit ihnen gespielt haben, waren sie uninteressant. Dazu ein Beispiel: Mit einem Plastik-Heuwender kann man kein echtes Gras wenden, dazu sind die Zacken viel zu zart, mit dem aus Holz allerdings schon.

Die Spielgeräte aus dem Spielraum von Emmi Pikler werden seit Lukas' Kleinkindtagen bei uns verwendet. Seine jüngeren Geschwister schnappen sich auch mit zehn Jahren noch gerne den Dreieckständer, ein Klettergerät, um damit eine Höhle zu bauen, oder machen ihren Hindernisparcours mit diversen Spielgeräten.

Unsere Babys haben erst, wenn sie ihre Hände ausreichend erkundet haben, erste Spielsachen in den Stubenwagen gelegt bekommen: ein buntes Seidentuch, ein Püppchen und andere Sachen, die man leicht greifen und in den Mund stecken kann. Erst als sie sich auf den Bauch drehen konnten, haben sie Holzspielsachen erhalten.

Bei Rasseln habe ich darauf geachtet, dass die Kinder erkennen können, woher das Geräusch kommt. Mit einem Jahr spielten sie alle gern mit Bausteinen, begannen Türme zu bauen, schoben einfache Autos durch die Gegend oder kugelten Bälle eine Bahn entlang. Immer mehr wurde es ihnen wichtig, nicht nur den Gegenstand an sich zu entdecken, sondern auch eine Handlung damit zu bewirken. Murmelbahn, Klangbaum und

Schaukelpferd waren anschließend große Spielsachen, über die sie sich freuten.

Genauso interessant war es, verschiedene Gefäße und Dosen zu haben, in denen sie Sachen entdecken oder auch hineingeben konnten. Das konnten schöne Steine, Muscheln oder andere ungiftige Sachen aus der Natur sein. Wichtig war, dass sie die Behältnisse selbst öffnen und schließen konnten. Sie liebten es auch, zu schütten – mit Sand im Garten oder mit Wasser im Badezimmer.

 *Mit der Zeit begannen die Rollenspiele. Puppen und Stofftiere wurden als Babys in Kinderwägen geschoben, manchmal waren es auch die Bagger, die liebevoll behandelt wurden. Mit Tieren und Figuren begannen sie, Situationen aus dem Alltag nachzuspielen oder sich Geschichten auszudenken. Am liebsten spielten sie mit echten Sachen, nicht mit Imitaten: am besten in Kleinformat. Da gab es ein altes Telefon, eine alte PC-Tastatur und schon war das Büro eingerichtet. Es gab Reiben und kleine Kochlöffel sowie Backformen für „Puppenkuchen", den man echt backen konnte. Gerne bauten sie einen Kaufmannsladen auf und gingen einkaufen, wobei selbst Kastanien, Steine und Tannenzapfen vielseitig verwendet werden konnten.*

Unerlässlich waren Tücher in verschiedenen Größen, um Höhlen zu bauen und sich eigene Räume zu schaffen. Für Rollenspiele hatten wir lange Zeit ausschließlich Holzfiguren, bis bei uns Elfen und Feen aus Plastik Einzug hielten. Diese ziehen die Kinder nun vor, da ihnen die große Echtheit sehr gefällt unter all den angedeuteten anderen Figuren.

Um Plastikbausteine zu vermeiden, hatten wir viele Kappla-Steine und Matador-Holzelemente, ebenso eine Holzmurmelbahn und Holzeisenbahn. Oft braucht es da eine andere Achtsamkeit beim Verbauen, da die Sachen nicht so fixiert sind wie ihre Kunststoffpendants. Dennoch habe ich es nicht ganz geschafft, Playmobil und Lego zu vermeiden.

Das Werken im Garten hat für die Kinder auch eine große Bedeutung und ist ihnen eine Freude. Sie wollen ihren eigenen Gemüsegarten haben und ihre eigenen Blumen züchten. Nützlich sind dafür Gartengeräte in Kindergröße. Ab dem Kindergartenalter können Kinder auch mit ihren Kindermessern schnitzen und von Ästen die Rinde abschälen.

Ganz viel Zeit verbringen unsere Kinder in der Werkstatt, wo es allerdings keine Spielwerkzeuge gibt, sondern nur richtige Werkzeuge. Gemeinsam mit Erwin und auch in der Schule haben sie gelernt, welche Geräte sie verwenden dürfen und wie.

Sie verbringen darüber hinaus viel Zeit in der Küche, wo sie wirklich kochen. Zeichnen und Basteln sind zwei weitere Beschäftigungsfelder. Bereits Moritz zeichnet gerne in verschiedene Blöcke oder alte Kalender von mir, Sarah erfindet gerade stundenlang Phantasieblumen, und auch Basteln und „Handarbeiten" stehen hoch im Kurs: Freundschaftsbändchen knüpfen, Ketten fädeln oder sich mit Fingerstricken einen Schal machen.

Wichtig sind Orte zum „Abhängen", seien dies Schaukeln in verschiedenen Größen oder Hängematten. Unser Trampolin hingegen ist meist ein Versammlungsort, um die nächste Aktion zu starten. Es ist also nicht hauptsächlich fürs Springen da.

Dann haben wir noch einige Gesellschaftsspiele und Puzzles, für die oft neue Spielanleitungen entstehen – oft schon deshalb, weil ich es nicht schnell genug schaffe, das reguläre Spiel zu erklären. Am beliebtesten sind klassische Spiele wie Uno.

Manchmal braucht es auch Zeiten, wo die Kinder nicht wissen, was sie mit sich anfangen sollen. Sie sitzen dann gelangweilt herum und wären am liebsten nur vor dem PC. Das sind ganz wichtige Phasen, um in sich hineinzuspüren, wo es einen gerade hinzieht und was einen gerade interessiert. Werden diese Zeiten dem Kind durch Berieselung von außen (PC, Fernseher) genommen, hat es nicht die Chance, sich und seine Bedürfnisse kennenzulernen!

Es ist oft eine Durststrecke für uns Eltern, das Jammern auszuhalten und ein grantiges Kind am Sofa sitzen zu haben. Manchmal ist es gut, dem Kind verschiedene Ideen zu liefern und ihm zu sagen, was man selbst in seinem Alter gern gemacht hat.

Manchmal ist es aber auch besser, den Mund zu halten und das Kind seinen eigenen Gedankenweg gehen zu lassen.

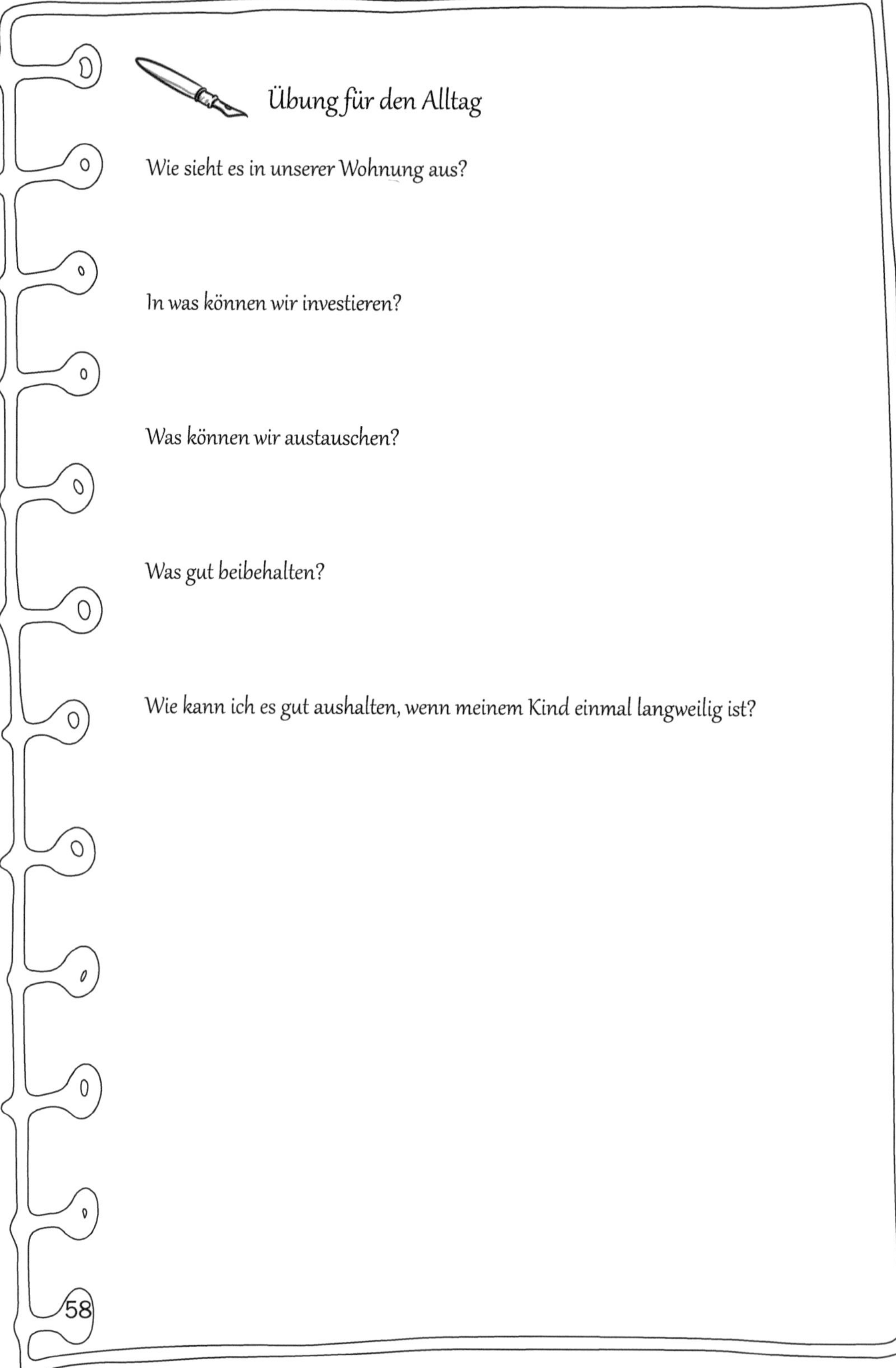

Übung für den Alltag

Wie sieht es in unserer Wohnung aus?

In was können wir investieren?

Was können wir austauschen?

Was gut beibehalten?

Wie kann ich es gut aushalten, wenn meinem Kind einmal langweilig ist?

GEMEINSAME AUSFLÜGE

Wir sind als Familie viel unterwegs: Im Sommer meist am Wasser, ansonsten oft im Wald, dem besten Spielplatz für Kinder.

Angenehmer als im Schwimmbad sind für die Kinder Orte, an denen sie gestalten können. Ein Bach, an dem sie einen Staudamm errichten, ein wilder Wald zum Lagerbau oder ,um dort einen Hindernis-Parcours aufzustellen. Es ist jedes Mal eine entspannte und gesättigte Stimmung, wenn wir abends, meist völlig ausgehungert, nach Hause kommen. Selbst im Winter ist es gut, zumindest für eine kurze Zeit draußen gespielt zu haben.

Zwischen fünf und zwölf Jahren begeistern sich Kinder, oft rasch und überraschend wechselnd, für verschiedenste Themen. Dann ist es fein, gemeinsam mit ihnen in diese verschiedenen Themen einzutauchen. Stadtwanderungen mit Geschichten zu Gebäuden, Museumsbesuche und Theaterstücke können das unterstützen. Schließlich ist es spannend zu sehen, wie Kinder da mit großen Augen und Ohren alles aufsaugen.

Benjamin möchte beispielsweise derzeit in einer Goldschmiede einen ägyptischen Ring machen und wir werden einen Nachmittag im Museum verbringen, damit er den abzeichnen kann. Und als Jakob seine Meeresbiologie-Phase hatte, haben wir viel Zeit im Haus des Meeres verbracht und die Tiere lange beobachtet.

Bei uns ist es in den letzten Jahren zur Tradition geworden, dass wir uns zu Weihnachten kaum mehr materielle Geschenke machen, sondern Erlebnisse in den Blick nehmen. So schenken wir uns allen ein Wochenende in einer Therme, machen einen Winterurlaub im Schnee oder in der Sonne und zum Geburtstag gibt es einen exklusiven Tag mit einem von uns Eltern. Das Geburtstagskind kann sich dazu eine Sache seiner Wahl aussuchen.

Entstanden ist dies daraus, dass Lukas einmal zu Weihnachten gar nichts bekam, weil er sich nichts wünschte und es für ihn dennoch ein feines Weihnachtsfest war. Er brauche einfach nichts, meinte er.

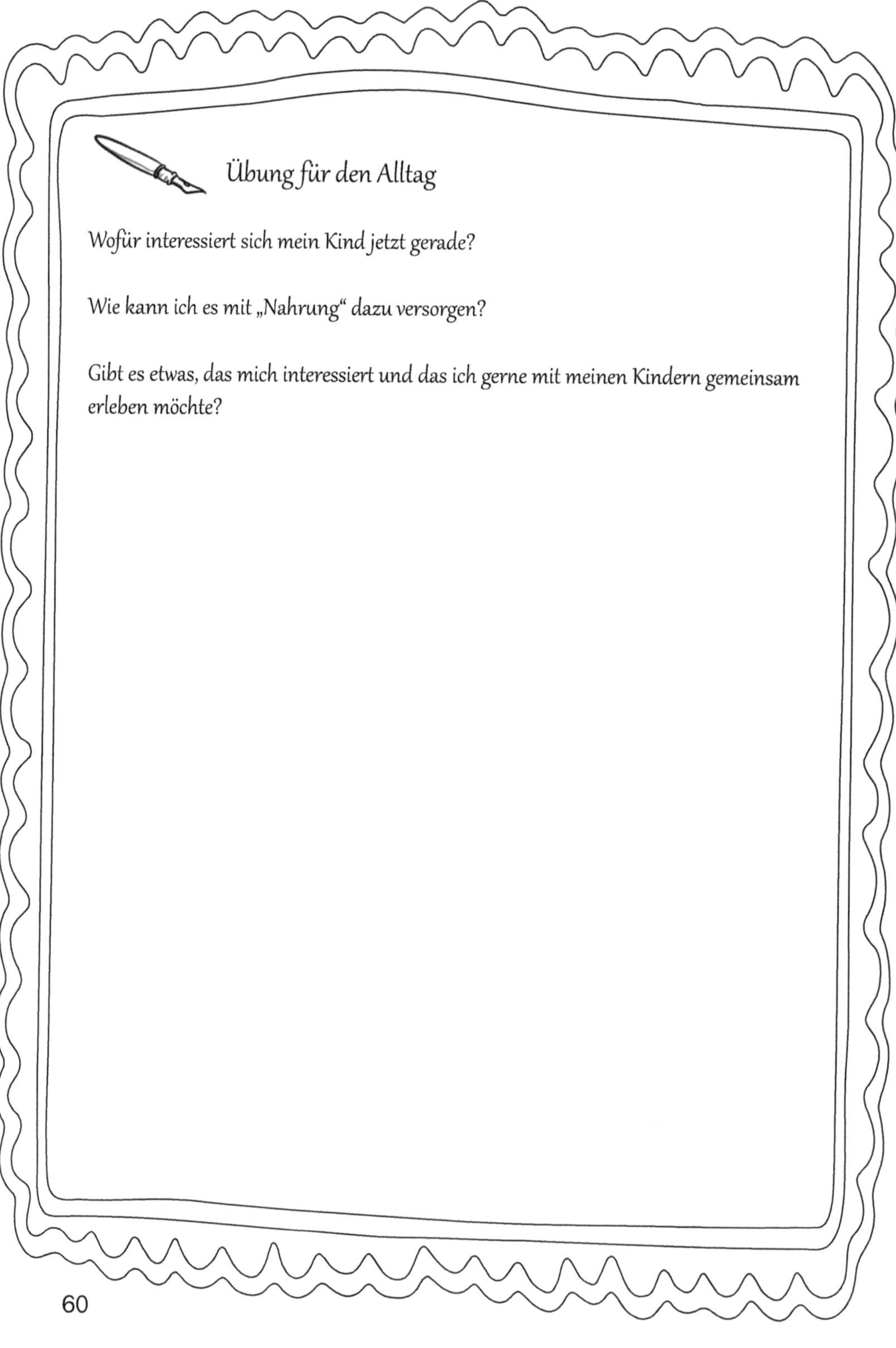

Übung für den Alltag

Wofür interessiert sich mein Kind jetzt gerade?

Wie kann ich es mit „Nahrung" dazu versorgen?

Gibt es etwas, das mich interessiert und das ich gerne mit meinen Kindern gemeinsam erleben möchte?

MIT KINDERN KOCHEN

Unsere Kinder haben von Anfang an unser Essen mitgegessen und ich verzichtete nach dem Stillen auf fertige Babynahrung. So gab es für längere Zeit oft Suppen. Vieles andere, was wir gegessen haben, habe ich für die Jüngsten einfach püriert. Mit der Zeit wollten sie jedoch dann meist von meinem Teller das Familienessen kosten, das sie dann auch bevorzugt haben.

Bei uns zu Hause steht auf dem Küchentisch eine große Schale, die fast immer mit Obst gefüllt ist. Fast immer deshalb, weil sie sich rasend schnell leert. Wenn die Kinder Hunger haben, geht ihr erster Griff zu einem Apfel, zu Erdbeeren oder einer Orange – was eben gerade verfügbar ist. In unserem Garten gibt es viele verschiedene Obstbäume und -sträucher und oft komme ich nicht dazu, reifes Obst zu ernten, weil alles bereits von den Kindern vernascht wurde.

Dass es Gemüse- und Obstjausen gibt, war bei uns schon immer so und von mir initiiert. Mittlerweile hat es sich verselbstständigt, wobei ich die Kinder nicht dazu anhalte, sondern sie aus eigenen Stücken diese Entscheidung treffen.

Beim gemeinsamen Kochen habe ich die Erfahrung gemacht, dass vor allem die jüngeren Kinder lieber rohes Gemüse beim Gemüseschneiden essen als bei Tisch dann das gekochte. Oft sind sie vom Kochen auch schon satt. Wahrscheinlich haben sie dabei nicht nur Vitamine getankt, sondern auch noch eine große Portion Miteinander.

Ein Kochen sieht bei uns meist so aus, dass zwei Kinder Gemüse schneiden, eines in der Pfanne umrührt und ich in der Mitte stehe, Stücke eventuell noch kleiner schneide und die restlichen Zutaten hinzufüge.

Da meine Kinder gerne genießen und essen, kochen sie auch gerne. Wir besprechen oft am Wochenanfang, was es diese Woche zu essen geben soll, und jeder kann sich eine Speise aussuchen. Gerne kochen oder backen die älteren Kinder auch selbst – vor allem Kuchen, Kekse oder Muffins. Daher gibt es bei uns fast immer auch eine Nachspeise. Oft probieren wir auch etwas Neues aus. Dafür suchen wir uns aus unseren Kochbüchern etwas heraus – meist das ansprechendste Bild.

 Übung für den Alltag

Kochbücher oder Internet gemeinsam nach ansprechenden Rezepten durchstöbern ...

gemeinsam kochen ...

gemeinsam genussvoll tafeln!

KINDER EIGENE ERFAHRUNGEN MACHEN LASSEN – OHNE BEWERTUNG

Lernen besteht aus Ausprobieren und Merken, dass etwas ein guter Weg war oder auch nicht. Sofern keine Gefahr besteht, braucht es von uns als Eltern weder Einmischung noch warnende Prophezeiung. Denn manchmal haben schon Sachen funktioniert, von denen ich vermutet hätte, dass sie unmöglich sind.

Dazu ein Beispiel:

Ich war mit den Kindern im Schwimmbad und schon nach kurzer Zeit kamen sie angelaufen und wollten ein Eis und Trampolin springen. Ich sagte ihnen, dass sie sich für eine Sache entscheiden könnten, jeder bekomme zwei Euro dafür. Benjamin, Jakob und Sarah waren sich einig, dass sie das Trampolin wählen wollten. Tim und Moritz zogen mit und entschieden sich ebenfalls für das Trampolin. Nach kurzer Zeit kam Moritz, er wolle nun doch ein Eis und nicht mehr springen. Ich sagte ihm, dass ich nun kein Geld mehr hätte, er könne aber an der Kasse fragen, ob er seine Entscheidung rückgängig machen könne. Und das tat der Vierjährige wirklich – mit Erfolg!

Oft funktioniert es tatsächlich nicht wie von den Kindern geplant. Dann brauchen sie jemanden, der hinter ihnen steht und sie tröstet. Ich selbst habe als Kind immer wieder gehört: „Ich hab dir doch gesagt, dass es so nicht geht." Das hat bei mir bewirkt, dass ich mich wütend von der Person abgewendet und sie im besten Falle nur beschimpft habe. Echte Anteilnahme und ein Verstehen der Trauer, dass es fein gewesen wäre, wenn es so funktioniert hätte wie gewünscht, ist hilfreicher.

Wollen wir haben, dass unsere Kinder uns als Freund und nicht als besserwissenden Feind sehen, dann gilt es zwar, ehrlich zu sein, andererseits aber sie in dem Vertrauen loszuschicken, dass sie ihren Weg gehen können.

Wollen wir haben, dass sie immer wieder zu uns zurückkommen, dann gilt es, sie in ihrer Realität abzuholen und sie nur dann in unsere Welt einzuladen, wenn sie es möchten. Damit meine ich, dass wir ihnen unsere Erfahrungen mitteilen können, wenn sie uns danach fragen. Auf Aufforderung können wir ihnen unsere Geschichten und Erfahrungen erzählen oder Hilfe anbieten.

Ich erinnere mich in diesem Zusammenhang an eine Situation mit Laura. Sie hatte einen ganz bestimmten Plan, wie sie ein Kostüm für eine Aufführung haben wollte. Ihre Vorstellungen waren schon beim Anhören kompliziert. Irgendwann bin ich ausgestiegen, und das war wohl auch gut so. Laura werkte vor sich hin und zerschnitt ein altes Kleid, um es umzunähen. Doch so, wie sie sich das vorgestellt hatte, funktionierte es nicht. Völlig grantig saß sie in ihrem Berg von Stoff und tobte. Ich setzte mich zu ihr und hörte ihr zu. Mehr konnte ich nicht machen. Langsam verstand ich, was sie wollte. Ich bot ihr an, mich abends mit ihr zusammenzusetzen. Wenn sie das wollte, dann sollte sie mir das sagen. Sie lud mich ein. Nachdem sie noch eine Runde gewütet hatte, starteten wir. Und dann fanden wir gemeinsam eine Lösung, die ihren Vorstellungen ziemlich nahe kam.

Fragen Kinder nicht nach unserer Sicht, können wir ihnen unsere Geschichten anbieten und, als echte Bitte, auch hinnehmen, dass sie unser Angebot ablehnen – manchmal vielleicht auch grantig. Gerade in Situationen, in denen Kinder – wahrscheinlich nach längerem Grübeln – ihre eigene Lösung gefunden haben und uns davon berichten, wollen sie nicht aus ihrem Land aussteigen, um unsere Geschichte zu hören, sondern in ihrer Welt bleiben.

Meist sind sie dann verärgert, wenn wir versuchen, sie mit aller Gewalt herauszuziehen. Da machen sie schnell einmal die Türe hinter ihrem Land zu und verschwinden, bevor wir sie der Vorstellung eines neuen Weges berauben.

Wir dürfen immer daran denken: Es ist wunderschön, mitzuerleben, wie Sachen doch funktionieren können, von denen wir nie gedacht hätten, dass sie klappen!

Übung für den Alltag

Ich lasse mich überraschen von den Fähigkeiten meines Kindes. Vielleicht schafft es Sachen auf einem völlig unkonventionellen Weg, vielleicht auch nicht!

Welche konkreten Situationen fallen mir dazu ein?

Wie habe ich reagiert?

Hätte ich anders reagieren können?

VOLL DAS LEBEN: MIT KINDERN EINFACH GLÜCKLICH SEIN

Unser „volles" Leben mit den Kindern bedeutet nicht, dass es voll und unübersichtlich ist, sondern dass das „volle" Einlassen auf die Familie uns Vieles andere herunterfahren lässt.

REGELN: SO WENIGE WIE MÖGLICH

Im Alltag mit den Kindern habe ich gelernt, dass es von Vorteil ist, möglichst wenige Regeln zu haben. Die, die da sind, sollten dafür aber ganz klar sein.

Unsere Grundregel ist, dass wir achtsam miteinander umgehen. Dann gibt es zusätzliche Abmachungen, zum Beispiel:

- dass das, was hergeräumt wurde, von derselben Person wieder weggeräumt wird.
- dass nach einer Nacht mit einem Freund/einer Freundin die nächste Nacht wieder alleine verbracht wird.

 Diese Regeln haben alle gute Gründe, die ich mit den Kindern bespreche. Da Regeln zugleich auch da sind, um gebrochen zu werden, schlafen unsere Kinder auch einmal zwei Nächte hintereinander bei Freunden/Freundinnen und verzichten wir auch alle einmal abends aufs Aufräumen.

Die Regel, dass wir achtsam miteinander umgehen, ist jedoch nicht verhandelbar.

Wir versuchen, unser Miteinander einfach zu gestalten, indem es klare Rituale und Abläufe gibt. Und es gibt keine unnötigen Regeln, die uns davon abhalten, in direkten Kontakt miteinander zu gehen.

KLEINE HAUSHALTSHELFER: KEEP IT SMALL AND SIMPLE

Schon aufgrund unserer Familiengröße ist es notwendig, darauf zu achten, was wir wirklich brauchen. Je einfacher viele Sachen sind, umso angenehmer und manchmal vielseitiger sind sie.

Sei dies eine simpel zu bedienende mechanische Nähmaschine, die selbst ich reparieren kann, oder Toaster der älteren Generation, in dem man auch Waffeln backen und denn man zum Grillen und Überbacken nutzen kann.

Wir haben beschlossen, die Küche – und insgesamt den Haushalt – mit möglichst wenigen technischen Geräten zuzumüllen, und merken, wie man etliche Sachen mehrfach nutzen kann.

Viele mechanische Tätigkeiten machen den Kindern unendlich viel Freude, zum Beispiel Nüsse zu reiben oder den Pizzateig mit der Hand zu kneten.

„ENTMÜLLEN“ UND AUSMISTEN

Wir merken, dass es jedes Mal sehr befreiend und reinigend ist, sich von Sachen zu trennen, die wir nicht mehr brauchen. Verkaufen wir die Sachen auf dem Flohmarkt, dann planen wir eine gemeinsame Aktion.

Viel schöner ist es jedoch, die Sachen von Herzen zu verschenken und sich zu freuen, dass jemand anderer damit Freude hat. Haben sich in den Zimmern der Kinder zu viele Spielsachen angesammelt und sie wissen gar nicht mehr, was sie machen sollen, ist es wieder Zeit, sich von manchem zu verabschieden. Sehr gerne machen die Kinder dazu auch einen Tauschmarkt mit Freunden in der Schule, wo jeder seine ausgedienten Spielsachen mitbringt. Getauscht und bezahlt wird mit „Smiley-Geld“.

Von einigen Dingen verabschieden wir uns auch nur für eine gewisse Zeit und sie wandern in den Keller. Am Ende des Herbstes, wenn sich das Spielen immer mehr nach innen verlagert, ist es dann fein, vergessene Schätze wiederzuentdecken.

ECHTER LEBENSGENUSS
MIT WENIG GELD

Wenn ich bedenke, mit wie wenig Geld pro Kopf wir alle gut auskommen und nicht den Eindruck haben, arm zu sein, dann denke ich, dass Vieles davon Einstellungssache ist. Unsere Kinder, die, wenn sie in sich hineinspüren, keine materiellen Wünsche zu Weihnachten haben, sind für mich Beweis genug, dass es nicht nötig ist, viel Geld zu haben.

Entspannung und Erfüllung kommen oft, wenn wir in der Natur waren und uns ausgepowert haben. Lebensgenuss ist, wenn wir uns am Abend aufs Sofa kuscheln und Geschichten lesen. Oder wenn wir gemeinsam die ersten Maroni essen.

Lebensgenuss ist, in der Sonne zu sitzen und den Wolken zuzusehen. Oder abends die schlafenden Kinder zu betrachten und froh zu sein, dass nun Ruhe ist. Besonders aber das erste Mal im Sommer diese kleinen nackten Kinder in den Badesee laufen zu sehen, quietschend und johlend, weil das Wasser noch so kalt ist.

Selbst in so dunklen Zeiten wie bei Benjamins schwerer Erkrankung gab es Momente des puren Genusses: Das erste Mal wieder eine Suppe essen. Die weiche Haut seines Kindes und seinen Atem spüren. Oft braucht es einfach nur die Bewusstheit, dass wir gerade genießen. Wir müssen nur das volle Glas betrachten.

KOMMUNIKATION: REDEN STATT MISSVERSTÄNDNISSE

Unser aller Leben unter einen Hut zu bekommen, ist oft eine logistische Herausforderung. Sachen, die wir am Morgen ausmachen, sind meist zu Mittag wieder ganz anders. Es ist eine Lehre meines Lebens, darauf zu vertrauen, dass sich alles gut fügt.

Abgesehen von fixen Kursen, die sich allerdings sehr in Grenzen halten, sind unsere Nachmittagsgestaltungen spontan und wir machen uns zu Mittag aus, wie die nächsten Stunden aussehen werden.

Mir ist es wichtig, dass wir so gut wie täglich in wirklichem Kontakt miteinander sind und die Kinder erzählen können, wie es ihnen geht und was sie erlebt haben. Oft passiert dies beim Abendessen, wenn alle zusammenkommen, oder auch abends noch im Bett.

Um am Leben der Kinder dranbleiben zu können, möchte ich in den allermeisten Fällen auch haben, dass sie nach einer auswärts verbrachten Nacht die nächste wieder zu Hause sind.

IM RHYTHMUS DER NATUR UND IM EINKLANG MIT DER WELT SEIN

Unser Garten, der angrenzende Wald und vor allem das Wasser sind unsere großen Kraftquellen und wir verbringen viel Zeit im Freien. Das Miterleben der Jahreszeiten und das Eintauchen in deren verschiedene Qualitäten begleitet uns täglich.

Die Kinder haben ihren eigenen Gemüsegartenstreifen, in dem sie anbauen, sich um ihr Gemüse kümmern und im Herbst dann voller Freude ernten können. Im Frühling, wenn es Zeit ist, die Samen auszusäen, sind sie fast alle mit mir im Gemüsegarten. Wir planen, welche Pflanzen gut zusammen wachsen und welche Pflanze eventuell an einer anderen Stelle als im Vorjahr angebaut wird.

Im Herbst, wenn die meisten Pflanzen geerntet werden, legen sich die Kinder ihren persönlichen Vorrat an Samen an, von Zucchini und Kürbissen bis hin zu Buschbohnen und Mais. Sarah und Laura sammeln Ringelblumensamen und von unseren Reisen nehmen wir auch immer „Samenbomben" mit: Wir sammeln alle Samen auf, um uns im nächsten Jahr überraschen zu lassen, welche Blumen oder Pflanzen wir importiert haben. Das darf natürlich nur sein, wenn dies nicht rechtlich verboten ist.

 *Mit dem Lauf der Jahreszeiten und dem Leben im Garten erleben die Kinder auch das Werden und das Vergehen — sei es von Pflanzen, die nur ein Jahr leben und im Herbst absterben, oder von Tieren, die wir im Garten finden. Dieser „Circle of Life" bekommt so eine vertraute, natürliche Komponente und ich erlebe diese große Angst vor dem Tod bei meinen Kindern nicht.*

Ein wichtiger Punkt ist auch das Feiern der verschiedenen Jahreszeitenfeste, wobei wir uns in der Familie im Moment dazu entschlossen haben, die keltischen Feste zu bevorzugen. So gibt es zu jeder Sonnenwende zumindest ein Bewusstmachen dieses besonderen Tages und ein thematisches Fest zu jeder Jahreszeit. In den letzten Jahren hat sich für mich auch bewiesen, dass wir durch einen bewussteren Konsum Vieles verändern können. Dies gilt vor allem für saisonales Gemüse und Obst. Wer einmal eine echt reife Erdbeere gegessen hat, wird unreife kaum mehr schätzen.

Meinen Kindern gegenüber erkläre ich auch, weshalb ich beispielsweise Eis oder Schokolade von bestimmten Firmen nicht kaufe, und sie können das gut nachvollziehen. Selbst, wenn sie eines der Produkte von jemandem angeboten bekommen, lehnen sie meist ab.

Gerade versuchen wir, möglichst vegan zu leben. Dadurch wird die Existenz eines Kühlschrankes für uns immer unwichtiger. Reis- und Mandeldrink können wir in einem Sojadrinkmaker (eines der wenigen elektronischen Geräte) selber machen.

Bei Kleidung und Spielsachen achte ich darauf, dass es keine Produkte aus Kinderarbeit sind oder die Produktion die Umwelt am Produktionsort zu stark belastet hat. Da fallen viele modische Produkte weg. Wenn eines dieser Produkte den Kindern wirklich wichtig sein sollte und sie sich selbst für ein solches Produkt entscheiden wollen, dann können sie dieses von ihrem eigenen Geld kaufen.

Lukas ist im Moment der Trendsetter und kauft ausschließlich vegane Kleidung ein. In unserer heilen Welt ist es schwer, sich vorzustellen, wie sehr andere Menschen unter unserem Wohlstand leiden. Gerade deshalb war und ist es mir immer wichtig, in Länder zu reisen, die nicht dem reichen Westen angehören. So kann ich selbst abschätzen, welche Auswirkungen unser Handeln hat und meinen Kindern die gleiche Chance geben. Als Laura in Ägypten ihre alten Sandalen einem Mädchen geschenkt hat, war dieses so überglücklich, dass Laura – damals sieben Jahre – völlig verdutzt war und erst so begriff, dass es nicht selbstverständlich ist, Schuhe zu besitzen.

Immer wieder diskutieren wir, ob es eine zu große Zumutung ist, den Kindern diese reale Welt zu zeigen.

Doch wie viele Millionen Menschen leben in dieser Realität, in giftigen Dämpfen und an verseuchten Flüssen, damit wir unsere Jeans haben? Eher ist es aus unserer Sicht eine Zumutung, unsere Kinder nicht darüber zu informieren, in welch zerstörerischer Welt sie leben, die sie von uns erben werden. Thematisierten wir das nicht, nähmen wir ihnen dadurch die Chance, möglichst früh gut für ihre Zukunft und die ihrer Kinder zu sorgen.

Seit einem guten Jahr haben wir uns als Projekt vorgenommen, Müll möglichst zu vermeiden oder potenziellem Müll ein zweites Leben einzuhauchen. So haben wir aus zerrissenen Shirts und Leinenhosen schon eine Tasche und einen Badezimmerteppich gehäkelt, mithilfe leerer Glasflaschen unser Gewächshaus erhellt und aus einem alten Fenster einen solaren Dörrapparat gebaut.

Müll zu vermeiden fällt uns noch leichter: Statt Kekse und Kuchen zu kaufen, backen wir gerne selbst. Der Vorteil bei Großpackungen mit Backmitteln vom Bioladen: Sie kommen in Papier verpackt. Wir machen Aufstriche selber und kochen grundsätzlich frisch. In unserem Garten und in unserer Umgebung wachsen so viele Pflanzen, die essbar sind, dass wir uns im Sommer oft tagelang kein Obst und Gemüse besorgen müssen. Wir lieben es, Kompott einzukochen, sodass wir auch im Winter Marillen, Ringlotten und Äpfel aus unserem Garten haben. Durch unseren Einkauf in unserer Foodcooperative gibt es grundsätzlich kaum Verpackungsmaterial. Und Stoffwindeln oder kompostierbare Windeln gibt es bei uns auch. Seit neuestem machen wir Duschgel und Haarshampoo aus Betain und Kräuterauszügen selbst. Aus Kastanien lassen sich Geschirrspülmittel und Waschmittel herstellen.

Spannend finde ich das neue Herangehen auch dann, wenn wir merken, dass wir etwas Neues brauchen. Zuerst überlegen wir, wie das sein müsste. Dann sehen wir nach, ob wir im Keller oder in der Natur nicht so etwas finden könnten.

Dazu ein Beispiel:

Wir brauchten eine Leiste mit Haken für unsere Badetücher. Jakob und Benjamin haben von Thujen-Stämmen die Rinde abgeschält. Thujen haben ganz viele Astgabeln, die sich herrlich als Haken verwenden lassen.

Eine wahre Schatzgrube sind zudem Orte, an denen Leute ihren Besitz loswerden wollen: Online-Plattformen wie das österreichische „willhaben" oder Müllsammelstellen. Es ist jedes Mal unglaublich, welche funktionie-

renden Gegenstände ausgesondert werden und welche – teils original-
verpackten – Sachen Menschen wieder verkaufen, weil sie sie doch nicht
brauchen.

*Eine interessante und lehrreiche Zeit war auch jene ohne Auto. Meine
Sorge, mich mit den vielen Kindern nicht mehr bewegen zu können, löste
sich auf. Zum einen erlebte ich, wie oft abends nach dem Schwimmen noch Platz in anderen
Autos war und wir mitfahren konnten, zum anderen entstand eine neue Langsamkeit. Es war
mir schlicht nicht mehr möglich, noch schnell in zehn Minuten etwas einzukaufen, auf die
Post zu hetzen und dann noch zur Schule zu fahren.*

Im langsameren Gehen oder Radfahren liegt eine ganz besondere Ruhe
und Kraft. Viele Dinge, die mangels Auto nicht möglich waren, waren plötzlich auch nicht mehr nötig. Diese Erfahrungen stärkten mein Vertrauen,
dass alles so passt, wie es ist.

HERAUSFORDERNDE SITUATIONEN ANDERS GEMEISTERT

Neben den beschriebenen Alltagssituationen gibt es Themen, Ereignisse und Erlebnisse, die den Rahmen des Normalen sprengen. Dafür sind andere Vorgehensweisen nötig.

WENN KINDER SICH MASSIV BESCHIMPFEN UND FERTIGMACHEN

Es gab eine Zeit, in der Laura wirklich gemein zu Benjamin war. Sie war damals sechs Jahre alt, Benjamin drei. Sie beschimpfte ihn ohne ersichtlichen Grund. Wenn er mit ihr etwas spielen wollte, sagte sie: „Geh weg, du stinkst, das ist grauslich." Ich kam nicht dahinter, was der Auslöser für ihr Verhalten war, und Benjamin tat mir unendlich leid. Ich begann, mich über Laura zu ärgern und sie in der Folge wegzuschicken, wenn sie wieder zu schimpfen begann. Ich konnte und wollte das nicht hören.

Ich setzte mich dann der Reihe nach mit dem Thema auseinander: Als Erstes gab ich mir Selbstempathie, spürte nach, welche Gefühle bei mir durch diese Situation ausgelöst wurden und was ich bräuchte. Bei dieser Selbstklärung sah ich mit der Zeit meine alte Geschichte mit meiner Schwester darin: Laura grenzte Benjamin so aus wie ich damals meine Schwester. Es tat mir weh, mich quasi selbst da zu sehen und den Schmerz, den ich wohl damals meiner Schwester verursacht habe.

Erst nach dieser Selbstbetrachtung konnte ich mich Laura und Benjamin mit meinen „Giraffenohren" zuwenden. Was empfand Laura und was war ihr Bedürfnis? Was wollte sie mit diesem Verhalten ausdrücken? Welchen guten Grund hatte sie für dieses Verhalten? Es stellte sich heraus, dass Laura auf dem Spielplatz von einem anderen Mädchen immer wieder gestoßen und bedroht wurde. Sie musste als „Hund" in einem Versteck sitzen und durfte nicht hinaus. Sie konnte sich gegen dieses Spiel nicht wehren und hatte Angst.

Sie hatte also körperliche Übergriffe erlebt, und dies war ihre Art, uns das mitzuteilen. Benjamin als Jüngerer gab ihr die Möglichkeit, angstfrei das zu beschimpfen, was ihr anderswo Angst machte. Und sie hatte einen Weg gefunden, uns mitzuteilen, was los war, ohne die betreffende Person zu nennen.

Wir sprachen mit Laura und erklärten ihr, dass wir sie künftig schützen würden. Als Erstes wechselten wir den Spielplatz. Außerdem blieben wir beim Spielen in der Nähe, sodass wir verstanden, was die Kinder miteinander sprachen. Damit hörte dieses Beschimpfen bei Laura auf.

Und auch wenn sich durch meine Klarheit, ganz hinter meinen Kindern zu stehen, einige Menschen von mir abgewandt haben und an der Ehrlichkeit meiner Kinder gezweifelt haben – ich tat es nie.

Oft ist Kindern etwas auch einfach nur zu viel, etwa ein voller Spielplatz nach einem erlebnisreichen Tag im Kindergarten. Da habe ich schon öfters erfahren, dass die Kinder beginnen, andere zu verdrängen und auch körperlich klar ihre Grenzen aufzeigen. Wenn ich merke, dass meine Kinder über ihren Grenzen leben, ist es ganz klar, dass ich einen Weg finde, wie sie wieder gut zu sich kommen können. In diesem konkreten Fall können wir nach Hause oder auf eine leere Wiese oder in den Wald gehen, um zur Ruhe zu kommen.

Auch mein Umgang mit „Schimpfwörtern" hat sich in den letzten Jahren sehr gewandelt. Ich habe gelernt, sie als Ausdruck von Wut zu sehen und schaue auf das Bedürfnis, das dahinterliegt. Zugleich ist es mir wichtig, dass wir achtsam und freundlich miteinander reden.

Seine Wut einmal herauszulassen ist oft angenehmer als Gefühle unter den Teppich zu kehren.

Als Lukas beispielsweise in die Schule kam, brachte er anfangs die hässlichsten Schimpfworte nach Hause. Er wollte testen, wie wir wohl reagieren. Oft habe ich ihm erklärt, was die Worte eigentlich bedeuten. Das machte die Sache schon uninteressant, da eigene Körperteile als Schimpfworte wenig attraktiv sind. Bei Worten, die andere Menschen abwerten, haben wir besprochen, wie das wohl für diese Menschen ist und wie es sich für ihn anfühlen würde, wenn „Lukas" nun das neue Schimpfwort wäre. Das hat sich nicht so stimmig für ihn angefühlt.

So gibt es bei uns Schimpfworte, die verwendet werden können, um seine Wut rauszulassen, wenn es gerade einmal nicht anders geht. Jedoch mit dem Ziel, damit niemanden bewusst zu verletzen.

UMGANG MIT SEXUALITÄT

Ein möglichst natürlicher Umgang mit Sexualität ist mir sehr wichtig. In den warmen Jahreszeiten haben unsere Kinder von Anfang an die Möglichkeit gehabt, ihren ganzen Körper selbst zu entdecken, wenn sie nackt vor sich hin strampeln konnten.

Zwischen vier und sechs Jahren haben sie dann meist begonnen, sich nicht nur für den eigenen Körper, sondern auch für den der anderen zu interessieren. Das war zum Teil nicht hinter verschlossenen Türen, mit dem Gefühl, dass sie da nun etwas Verbotenes machen. Sie haben sich eine ruhige Ecke gesucht, manchmal in einer selbstgebauten Höhle mitten im Wohnzimmer.

Diese Achtsamkeit haben sie in ihre Pubertät mitgenommen, wo sie ebenso behutsam und liebevoll mit sich und den anderen umgehen. Sie können über ihre Gefühle und Bedürfnisse untereinander offen reden und sich austauschen.

IN SCHMERZVOLLEN KÖRPERLICHEN SITUATIONEN BEGLEITEN

Für mich ist das Im-Schmerz-Begleiten die Königsdisziplin der Gewaltfreien Kommunikation. Den Schmerz von jemandem zu sehen, also zu sehen, wie er leidet, und gleichzeitig nichts „dagegen" tun zu können, sondern mit ihm durch diesen Schmerz zu gehen, ist eine große Herausforderung. Zugleich ist es so befreiend und verbindend, wenn Schmerz gemeinsam durchlebt wird.

Die Kunst ist es, empathisch und mitfühlend zu sein, den anderen in seinem Gefühl und seinem Bedürfnis zu sehen und zugleich nicht selbst in den Schmerz und seine eigene Geschichte einzusteigen. Das ist bei Menschen, die uns nicht so nahe sind wie unsere Kinder, viel leichter. Bei unseren Kindern, die wohl das Allerliebste auf der Welt für uns sind, ist es nicht immer möglich, mitfühlend zu sein anstatt in Mitleid zu verfallen. Wenn mich Letzteres übermannt, ist es möglich, mir selbst gegenüber empathisch zu sein. Mein Gefühl und Bedürfnis wahrzunehmen und auszudrücken, um dann ganz bei dem anderen zu sein.

Ich möchte das an einem Beispiel illustrieren:

 Benjamin hatte durch seine Krankheit „Morbus Still", kindliches Rheuma, viele Spitalsaufenthalte. Wochenlang war er dort und hatte täglich Blutabnahmen. In Momenten, wo er einfach mittun musste und sich strikt weigerte, erbaten wir oft von den Ärzten und Krankenschwestern eine kurze Auszeit, um mit ihm zu reden. Wir erklärten ihm, dass die Blutabnahme nun notwendig sei und dass wir merkten, dass es ihm schrecklich weh tue. Oft saßen wir gemeinsam da und weinten, weil der Schmerz für uns alle so groß war. Ich sagte ihm, dass mir das so leid täte, dass ich mir wünschte, das alles müsse nicht passieren und wie sehr es mich schmerzte, ihn so zu sehen (Selbstempathie). Ich teilte ihm auch mit, dass ich sähe, dass er nicht mehr wolle und könne. Wenn alle Tränen geweint waren, sah mich Benjamin stets an und meinte: „O.k., dann machen wir das jetzt." Und wir holten den Arzt, um ihm Blut abzunehmen.

Leider gab es auch Situationen, wo keine Zeit war, sondern schnell gehandelt werden musste. Trotzdem versuchte ich dann, mit meinen Kindern über ihren Schmerz zu sprechen und in gutem Kontakt zu sein.

Manchmal gab es auch Begebenheiten, wo es gut war, den Schmerz als körperlichen Warnhinweis dafür zu sehen, dass etwas nicht stimmte. So spürte Benjamin beispielsweise einmal eine beginnende Entzündung an der Einstichstelle des Katheters und machte so darauf aufmerksam.

IN SCHMERZVOLLEN SEELISCHEN SITUATIONEN BEGLEITEN

Immer wieder gibt es Momente, wo die Kinder ganz betrübt und traurig sind, weil sich in ihrem Leben etwas Schreckliches ereignet hat. Das sind Situationen, bei denen man den Eindruck hat, sie weinten sich die Seele aus dem Leib und könnten nie wieder fröhlich sein. Zum Glück gibt es immer Licht am Ende des Tunnels und wenn gemeinsam eine dunkle Zeit durchgestanden ist, kommen auch Lachen und Fröhlichkeit wieder zurück.

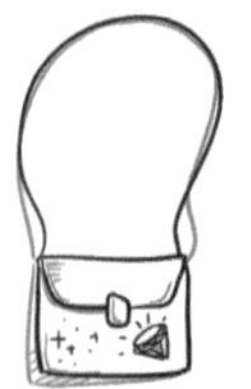 Laura erlebte so eine Situation. In ihrer Schule hatte sie eine Lieblingslehrerin, die ihr ganz wichtig war und ihr viel bedeutete. Im Alter von zwölf Jahren durfte sich jeder Schüler einen Betreuer aussuchen. Laura freute sich schon sehr darauf, dass endlich Sonja ihre Bezugslehrerin werden würde. Als Laura den richtigen Zeitpunkt abgewartet hatte, ging sie zu Sonja und fragte sie, ob sie ihre Bezugslehrerin werden könnte. Sonja sagte ihr, dass sie das sehr gerne wollen würde, sie allerdings gekündigt habe und somit in zwei Monaten die Schule verlassen würde.

Für Laura brach eine Welt zusammen. Den restlichen Tag war sie still und zurückgezogen in der Schule, bis sie nach Hause kam und heulend in meinen Armen lag. Ich hatte keine Ahnung, was los war, und hielt sie lange fest. Vor lauter Weinen konnte sie mir gar nicht sagen, was los war, ich verstand ihr Stottern einfach nicht. So spiegelte ich, was ich erlebte. Ich sagte ihr, dass sie furchtbar traurig sei. Ich verstand, dass etwas ganz Schlimmes geschehen sein musste. Ich ließ sie schweigen und weinen. Sicherlich zwei Stunden lang.

Irgendwann, nach längerer Zeit, hatte sie sich so weit gefasst, dass sie mir das Wesentlichste übermitteln konnte. Da war so ein tiefer Schmerz in ihr, so viel Freude und Hoffnung zerplatzten plötzlich und es blieb nur eine tiefe Traurigkeit. Schließlich kuschelte Laura sich mit einer Tasse Tee in ihr Bett und schlief bald darauf ein.

Am nächsten Tag weigerte sie sich, in die Schule zu gehen. Sie wolle dort nie wieder hin. Sie blieb zu Hause, bis sie über diesen Schmerz hinweggekommen war.

Meine Aufgabe war, immer wieder zu schauen, wie es ihr ging, wo sie gerade in ihrem Verarbeitungsprozess stand und ihr den Raum zu lassen, den sie für den Schmerz brauchte.

IN UNGLÜCKLICHEN SITUATIONEN BEGLEITEN

Mit dem Heranwachsen der Kinder gibt es auch immer öfter Situationen, in denen sie unglücklich sind. So richtig unglücklich. Sie schaffen es dann nicht, aus ihrer Haut herauszuschlüpfen oder ihren Weg zu ändern. Für uns Erwachsene, die schon viele Erfahrungen in dieser Richtung gemacht haben und vielleicht auch schon ahnen können, was der eine und der andere Weg mit sich bringen mag, ist dies oft schwer auszuhalten.

Dies war beispielsweise bei Lukas so. Er hatte mit 15 Jahren die Schule gewechselt und war in der neuen Schule zutiefst unglücklich. Bei den Mitschülern fand er keinen Anschluss, die Lehrer sagten ihm auch nicht so zu und überhaupt, das neue Schulsystem, das Hausaufgabenmachen, ständig einen Test haben, ... Das alles zusammen freute ihn gar nicht. Oft kam er schlecht gelaunt aus der Schule, war mürrisch, und wenn er etwas über seinen Tag erzählte, dann war es eher negativ gefärbt.

Sehr mit meiner eigenen Geschichte verstrickt, versuchte ich zuerst die Schule schönzureden, ihm Alternativen vorzuschlagen und Vieles mehr. Doch das alles bewirkte eher das Gegenteil. Lukas schimpfte über alle Schulen, alle Lehrer, das ganze System. – Ich hätte ihn so gerne glücklich gehabt! Jetzt, wo er die Schule gewechselt und sich selbst für diese Schule entschieden hatte!

Als Erstes brauchte ich eine Portion Selbstempathie, um meinen Frust, meine Einbildung, als Mutter nicht gut genug gewesen zu sein, und viele andere Gefühle anzuerkennen und anzunehmen. Danach konnte ich mit ihm in Ruhe ein Gespräch führen. Ich setzte mich zu ihm und hörte ihm einfach zu. Er erzählte mir, wie sehr ihn das neue Schulsystem forderte. Er bemerkte, wie sehr er es genossen hatte, früher spontan jemanden zu treffen. Vieles von dem, was er lerne, sei für ihn derzeit nicht relevant.

Nachdem er sich alles von der Seele geredet hatte, fragte ich ihn, ob er eine Idee hätte, wie es besser sein könnte. Ich versicherte ihm, mir sei alles recht, solange es ihm dabei gut gehe. Lukas nickte nur, er werde es sich überlegen.

In den nächsten Tagen war er etwas weniger schlecht gelaunt. Er war ruhiger und weniger bei uns präsent. Dann kam er und meinte, er würde das wirklich ausprobieren, wie es sei, mit der Schule aufzuhören und einen Job zu machen. Es kämen bald die Sommerferien, da wolle er arbeiten. Wenn ihm das gefiele, dann wolle er die Schule abbrechen und einfach mal arbeiten.

Lukas suchte sich einen Job in einer Großküche und verdiente recht gut. Er musste noch früher aufstehen als sonst und die Einstellungen der Arbeitskollegen entsprachen nicht ganz den seinen. Wenn er abends erschöpft nach Hause kam und von seinen 100 Kilo Erdäpfeln erzählte, die er geschält hatte, sah er nicht mehr so glücklich aus. Nach fünf Wochen kam er abends zu mir und teilte mit, er habe sich entschieden, weiterhin in der Schule zu bleiben. Dies mache ihm mehr Spaß, als irgendeinen Job anzunehmen, auch wenn es jetzt supercool sei, so viel Geld zu verdienen.

Seitdem sind nun zwei Jahre vergangen und Lukas geht noch immer in dieselbe Schule. Er stöhnt zwar nach wie vor über all die Tests und die Prüfungen, doch nachdem er sich bewusst dafür entschieden hat, ist er zumindest nicht mehr unglücklich.

Manchmal gilt es, das Unglück einfach als Gegebenheit bewusst anzunehmen und sich für diese zu entscheiden, dann kann man alles leicht tragen. Diesen Schritt kann nur die Person selbst machen.

DIE ABLÖSUNG VON ZU HAUSE: PUBERTÄT ANDERS ERLEBT

Auch wenn ich „Trotzphase" sowie „Pubertät" als Begriffe nicht sonderlich schätze, sind dies zwei Zeitfenster, die einen großen Entwicklungsschritt der Kinder beinhalten. Inzwischen leben bereits zwei junge Erwachsene bei uns zu Hause. Ich habe gemerkt, dass sich all die Schreckensszenarien, die vorausgesagt wurden, bei uns nicht bewahrheitet haben.

Die Pubertät als Ablösungsprozess von zu Hause hat zum Ziel, dass der junge Erwachsene aufgrund von eigenen Erfahrungen und Erlebnissen Entscheidungen trifft und wir Eltern als Berater immer weniger Einblick und vor allem weniger Mitsprache haben. Somit erleben wir aus einer (ungewollten) Distanz, welche Werkzeuge unsere Kinder nun wie anwenden.

Mein oberstes Bedürfnis ist, mit meinen Kindern in Verbundenheit zu bleiben, also eine Basis des Vertrauens und der Offenheit zu haben. Diese kann nur erhalten werden, wenn ich ihre Einstellungen und Entscheidungen so annehme, wie sie sind – ja, sie als Ganzes so annehme, wie sie sind. Das kann schwierig werden, wenn sie sich völlig anders verhalten, als ich das erwarte.

Eine solche Situation erlebe ich gerade bei der Entscheidung zu Benjamins weiterer Schullaufbahn. Für mich war es bisher eine unreflektierte Annahme, dass meine Kinder alle nach der neunten Schulstufe weiterhin die Schule und anschließend eventuell noch ein Studium oder eine Fachschule besuchen.

Benjamins große Leidenschaften sind Kochen und Meeresbiologie. Ich für mich hatte den Fokus sehr auf Letzteres gesetzt. Beim Besuch der verschiedenen „Tage der offenen Tür" an diversen Schulen war für ihn ganz klar, dass ihm dies zu wenig Praxis ist und er lieber eine Lehre als Koch machen möchte.

Ihn dabei ganz anzunehmen war ein längerer Prozess. Ich frage mich, ob es ein Beruf ist, mit dem er wirklich glücklich ist und von dem er sich gut erhalten kann. Ich dachte: Er kann ja immer noch die Matura machen.

Es brauchte seine Zeit, bis ich mich von dem Bild, das ich mir von ihm ausgemalt hatte, verabschieden und feststellen konnte, dass diese Entscheidung für ihn wirklich stimmig ist: Schon immer liebte es Benjamin zu kochen und Speisen zu erfinden. Er mag es, zu werken. Mathematik und Englisch sind keine Fächer, die ihm großen Spaß machen. Im Gegensatz zu Lukas, der „einfach mal" die Matura macht, um dann zu schauen, was ihn interessiert, weiß Benjamin jetzt schon, was er wirklich von Herzen gerne machen möchte.

Das war an sich unser Ziel beim Aufwachsen mit einer Alternativschule: sich für seinen Weg zu entscheiden und erspüren zu können, was für einen selbst passt. Unabhängig von dem, was Freunde machen oder die Familie will. Insofern freue ich mich nun mit Benjamin und kann ihn gut bei seiner Lehrstellensuche begleiten.

Zugleich ist die Pubertät auch die Phase des Austestens der Grenzen, die für uns Eltern herausfordernd sein können. Manche Konsequenzen sind vielleicht doch nicht so klar ersichtlich.

In einem meiner Workshops haben wir eine solche Situation einmal näher beleuchtet. Die Tochter einer Teilnehmerin kam lustig und entspannt aus der Schule, die Mutter vermutete, dass ihre Tochter etwas geraucht hatte. Dies passierte allerdings nicht nur einmal, und somit wollte sie einen Weg suchen, wie sie gut mit ihrer Tochter sprechen konnte. Mich erinnerte das an einen Workshop mit Jesper Juul. Er sagte sinngemäß: „Zwei Sachen können wir bei unseren Kindern nicht vermeiden: dass sie Sex haben werden und dass sie Drogen ausprobieren."

Die Teilnehmerin war von der Situation völlig überrumpelt und wir sahen uns gemeinsam an, wie sie am besten reagieren könnte. Als sie sich in die Lage ihrer Tochter versetzte, wurde ihr klar, dass es im benebelten Zustand keinen Sinn machte, mit ihr zu sprechen, sondern erst, sobald sie wieder nüchtern war.

Was wollte die Mutter ihrer Tochter mitgeben? Für sie lagen zwei Sachen auf der Hand: Zum einen wollte sie ihrer Tochter sagen, welches gesundheitliche Risiko sie auf sich nimmt, wenn sie betrunken oder eingeraucht ist. Zum anderen, in welchen Situationen dies einfach unmöglich ist und auch die Gefahr eines Ausschlusses von der Schule mit sich bringen kann.

Genauso wichtig war es der Mutter, ihrer Tochter klar zu sagen, dass sie immer hinter ihr steht und sie sich wünscht, dass sie sich an gewisse Spielregeln hält. Beim theoretischen Durchgehen des Gesprächs wurde verständlich, dass es der Mutter wichtig war, das Vertrauen der Tochter zu erhalten und ihr als Erstes zu sagen, wie wichtig sie ihrer Mutter ist und wie lieb sie sie hat.

Im nächsten Workshop berichtete die Mutter von ihrem Gespräch mit der Tochter. Nach einer anfänglichen Skepsis der Tochter konnten sie in Ruhe über das Erlebte sprechen und eine gute Lösung finden: Sie beschlossen, dass das Wochenende der Zeitpunkt ist, wo die Tochter ausprobieren kann und sie mit ihrer Mutter darüber im Gespräch bleibt. Zugleich hatte ihre Tochter gemerkt, dass sie Hausaufgaben und andere Dinge vergessen hatte, weil sie eben nicht ganz bei sich war und das nicht geglaubt hatte. Darüber war sie sehr erstaunt und konnte gut dem gemeinsamen Beschluss folgen, wenn, dann nur am Wochenende etwas zu trinken oder zu rauchen.

Der Ablösungsprozess ist auch dadurch gekennzeichnet, dass die nächste Generation andere Wege geht, als wir sie gingen, und uns damit immer wieder vor den Kopf stößt. Was mich bei meinen Kindern sehr erstaunt, ist ihr fast braves, biederes Leben und ihr generell geringes Engagement, um diese Erde zu retten.

Haben sich meine Eltern noch an die Bäume in Zwentendorf gekettet, war ich noch demonstrieren und habe weiß Gott was für verrückte Aktionen gestartet, um gegen etwas zu rebellieren, so erlebe ich derzeit eher einen Rückzug in die gemütlichen eigenen Räume, ein fast schon phlegmatisches Annehmen der Situation. Damit bringen mich meine Kinder auf die Palme! Wofür habe ich mich so sehr eingesetzt? Dafür, dass sie nun keine eigenen Kinder haben wollen, weil es so schlecht um diese Erde bestellt ist bzw. unser Menschendasein darauf?

Und dafür, dass sie nun nicht dafür kämpfen, dass sich etwas ändert, sondern es einfach betrübt annehmen?

Auch das ist ein Teil, den ich lernen darf anzunehmen, wie er ist. Ich kann meine Wünsche wahrnehmen und sehen, ich kann ihre Wünsche und Bedürfnisse wahrnehmen und sehen. Dann gelingt es mir zu erkennen, dass beide nicht vereinbar sind, und ich kann sie bei ihrem Weg begleiten. Auch wenn er nicht der meine ist. Und sie von Herzen so lieben, wie sie sind.

Übung für den Alltag

Welche Wege kann mein Kind einschlagen, mit denen ich nicht konform gehe?

Was hilft mir, mit ihm oder ihr gut in Verbindung zu bleiben?

Welche Erwartungen habe ich?

Welche nicht selbst gelebten Wünsche möchte ich von meinem Kind erfüllen lassen?

86

DER FLUSS MEINES LEBENS

FLIESSENDE KINDHEIT

Vielen Menschen haben mich gefragt, was mich dazu gebracht hat, sieben Kinder zu bekommen und auf genau diese Art und Weise mit ihnen zu leben. Daher möchte ich hier eine Antwort darauf geben, indem ich die einschneidendsten Erlebnisse meines Lebens und deren Folgen skizziere.

Vor über 40 Jahren bin ich in meinen eigenen Lebensfluss eingetaucht und schwimme seitdem meinen Weg entlang. Da gab es immer wieder Wasserfälle, enge Stellen und auch Abzweigungen, doch so ganz mit meinem Herzen und mit mir selbst in Verbindung bleibend war klar, dass nur dieser eine Weg mein Weg sein kann. Während meiner Reise in diesem bisherigen Fluss wurde ich von einer großen Kraft getragen, der Liebe meiner Mutter und der Liebe zu mir selbst.

Als ich als Erstgeborene auf die Welt kam, tauchte meine Mutter mit mir in eine eigene Welt ab, in die sie später auch meine Geschwister mitnahm. Wohl deshalb, weil sie mir die Liebe und Geborgenheit, die sie selbst gerne als Kind bekommen hätte, nun geben konnte und dabei sich selbst etwas Gutes tat. Ich wurde von ihr völlig in Liebe gehüllt, mit Achtsamkeit und Ehrlichkeit begleitet, wurde gehört und gesehen, so wie ich bin. In einer Zeit, in der Achtsamkeit mit Kindern noch nicht das Thema war – es war damals üblich, Babys ohne Narkose zu operieren, da man meinte, sie spürten keinen Schmerz –, ging meine Mutter ihren Weg und nahm mich von Anfang an als vollwertigen Menschen wahr.

Unsere erste Familienidylle dauerte genau zwei Jahre und einen Monat. Meine nachfolgende Schwester erlitt bei ihrer Geburt einen Sauerstoffmangel, war danach mehrmals tot und wurde jedes Mal reanimiert. Der Wunsch meiner Mutter, meine Schwester gehen zu lassen, wurde von den Ärzten nicht gehört. Die Möglichkeit, gemeinsam mit einem schwerstbehinderten Kind für ein paar Wochen oder Monate zu leben, um so meiner Schwester die Möglichkeit zu geben, endgültig gehen zu können, wann es ihr passt, wollte mein Vater nicht. So wuchs meine Schwester in verschiedensten Spitälern und Pflegestationen auf.

Etwas in meiner Mutter zerbrach damals: Den tiefen und innigen Wunsch nach einer Verbindung mit ihrem eigenen Kind, es zu hören und wahrzunehmen und seinen Bedürfnissen nachzukommen, konnte meine Mutter nicht leben. Liebkosen, Nähe und Geborgenheit schenken, meine Schwester wohlig warm in den Armen halten – das alles konnten die beiden nicht erleben. Stattdessen gab es Spitalgitterbetten, Operationen und Besuchszeiten.

Mich beschäftigte das alles wohl sehr. Ich habe viel gefragt und nur wenige Antworten bekommen. Hängen blieb, dass meine Schwester „kaputt" sei. Seitdem hatte ich eine ins Bodenlose gehende Angst vor allem, was kaputt werden konnte: Spielsachen, Skier oder Geschirr. Oder vielleicht ich? Würde ich dann auch einfach entsorgt werden? Bei dem Wort „kaputt" spürte ich in meiner Kindheit das Zerbrechen des Herzens meiner Mutter in mir selbst.

Die Traurigkeit meiner Mutter konnte ich spüren, überschüttet wurde ich mit all der Liebe, die für zwei Kinder da war und die ich nun alleine bekam, da meine Mutter meine Schwester Helga immer seltener besuchte. Grenzen und „Nein" bekam ich damals nur selten zu hören. Und so denke ich, dass ich diese Zeit einerseits genossen habe, andererseits diesen ständigen Trauerschleier, der oft statt klar kommunizierter Trauer da war, sehr stark gespürt habe. Meine Schwester Helga lebte 36 Jahre lang im Pflegeheim, bis sie von ihrem Dahinvegetieren durch eine Lungenentzündung erlöst wurde.

Als ich gut vier Jahre alt war, kam meine nächste Schwester auf die Welt. Es ging ihr gut. Ich spürte gleichzeitig die große Erleichterung und auch die Sorge meiner Eltern, es könne wieder etwas passieren. So wurde mir wenig über die Schwangerschaft erzählt und ich wurde erst einmal für längere Zeit zu meinen Großeltern gebracht.

Als ich nach Hause kam, durfte ich in der ersten Zeit meine Schwester nur mit desinfizierten Händen berühren. Ich merkte die große Freude bei meinen Eltern, diesem Baby Liebe schenken zu können. Doch so leicht war das nun für mich nicht, plötzlich teilen zu müssen, da ich die Geburt als ein plötzliches Ereignis wahrnahm.

 *Diese überschwängliche Freude der beiden hat mir noch sehr lange wehgetan. Das zeigte sich beispielsweise darin, dass, als meine Schwester dann in „mein" Gymnasium kam, sie mich auf dem Gang nicht grüßen durfte. Und im Streit habe ich ihr oft vorgehalten, sie möge sich doch bitte eigene Eltern suchen.*

Weitere vier Jahre später kam mein Bruder auf die Welt. Ich erinnere mich noch über die große Freude meiner Mutter, schwanger zu sein, unseren Eifer, sie zu unterstützen, und dazu auch noch ihren besonderen Stolz über einen Sohn.

Die nächsten sieben Jahre machen mir bis heute ein wohlig warmes Bauchkribbeln. Ich denke, wir hatten die wundervollste Kindheit: Ein Jobangebot an der Uni hatte meine Mutter ausgeschlagen, da sie mit meinem Bruder schwanger war. Sie blieb somit zu Hause. Dass sie teilweise unglücklich über ihr „Nur-Muttersein" war, ließ sie hin und wieder durchblicken, wirklich begreifen kann ich das erst jetzt. Die Beschwerde, sie sei eine „akademische Putzfrau", habe ich heute noch im Ohr. Sie fand einen Weg, ihren wissenschaftlichen Anteil auszuleben, indem sie freiberuflich ihre Forschungen betrieb und in der Firma meines Vaters mitarbeitete.

Dann begann unsere heile Familienidylle zu bröckeln und zu zerbrechen: Meine Mutter bekam Brustkrebs. Ich war damals 16, meine Schwester 11 und mein Bruder 7 Jahre alt. Wir konnten alle das Unfassbare nicht glauben und durchliefen die klassischen Stadien der Bewältigung einer solch kritischen Situation: von Leugnen über Wut und Verzweiflung. Schließlich fanden wir uns mit dem Gegebenen ab und gingen einen neuen Weg. Sobald wir in diesem Stadium waren, starb meine Mutter, nur zwei Jahre nach der Erstdiagnose. Wir drei Kinder standen plötzlich ohne Mutter da – des Halts unserer Kindheit beraubt. Die Hilflosigkeit und Einsamkeit, dieser Schmerz über die physische Trennung – dies alles haben die Jahre nicht heilen können.

Das Bedürfnis nach Geborgenheit, nach Angenommensein und nach dieser großen Mutterliebe trage ich noch immer in mir. Ich war damals 18 Jahre alt, anschließend hatte ich lange und gut Zeit, um aufzutanken. Ich merkte, dass so viel Liebe zu mir geflossen war, dass es gut reichen würde, um diese Liebe an viele Kinder weiterfließen zu lassen.

Neben meiner Mutter gab es eine zweite wichtige ältere Frau in meinem Leben, nämlich meine Patentante. Sie war neben der bodenständigen, wohlüberlegten Konstante meiner Mutter ein guter Gegenpol: Geschieden, ohne Kinder und immer wieder auf Jobsuche war sie ein Genuss- und Lebemensch, der zum einen gerne über seine Verhältnisse lebte, zum anderen auch aus dem Nichts ein Festessen zaubern konnte. Während meines Ablösens von zu Hause war sie die Person, die mich begleitete, mit der ich meinen ersten Liebeskummer teilen konnte und die mich bei Konflikten mit meinen Eltern unterstützte. Von ihr habe ich gelernt, das Leben zu genießen, Feste zu feiern, offen auf andere Menschen zuzugehen und verrückt zu sein. Drei Jahre nach dem Tod meiner Mutter starb sie leider an einer zu spät erkannten Gehirnhautentzündung.

Diesen beiden Frauen verdanke ich es, dass ich mir selbst treu bleiben konnte und dass ich wahrgenommen wurde mit meinen Bedürfnissen. Hatte meine Mutter teilweise nicht mehr die Kraft dazu, dann war meine Patentante für mich da, hörte mir zu und begleitete mich auf meinem Weg, Lösungen zu finden.

Beide haben mich gelehrt, bei mir zu bleiben, auf meine innere Stimme zu hören und dieser auch zu folgen. Sie haben an mich geglaubt, so wie ich bin, und mich so geliebt, wie ich bin. Mit dieser Stütze im Rücken kann man Vieles ertragen und in Zeiten, in denen man sich alleine fühlt, darauf vertrauen, dass es eine Ahnenreihe gibt, die einen stützt.

Zugleich habe ich auch gesehen, was es bedeuten kann, wenn frau dieser Stimme nicht folgt: den Schmerz, das eigene schwerkranke Kind nicht begleiten zu dürfen, der Frust, die wissenschaftliche Seite nicht ausreichend leben zu können, die Erkenntnis, immer wieder einmal genau an dem eigentlich zutiefst Gewünschten vorbeizugehen, das Gefühl, einsam und alleine zu sein. Diese beiden Frauen waren sich und mir trotz ihrer Verschiedenheit eine Stütze und Lebensbegleiterinnen.

In meinem Leben gab es einmal Vorahnungen, die ich schneller begriff, als mir lieb war: Als Kind habe ich mich oft gefragt, ob es wohl unfair wäre, wenn mein Bruder – der um so viel jünger ist als ich – unsere Mutter kürzer erleben würde. Neun Jahre später war sie nicht mehr bei uns.

ICH LERNE MEINEN FLUSS KENNEN

Mit 18 Jahren befand ich mich in einer mich völlig überfordernden Situation: Als älteste Schwester fühlte ich mich verantwortlich für meine beiden jüngeren Geschwister, die damals 9 und 13 Jahre alt waren. Mein Vater fand sehr bald eine Freundin und begann, sein eigenes Leben zu leben. Ich schlüpfte in eine Stellvertreter-Mutterrolle: Wir verbrachten gemeinsam unsere Urlaube und auch die Wochenenden miteinander. Wir waren füreinander da. Diese enge Verbindung zwischen uns besteht bis heute noch.

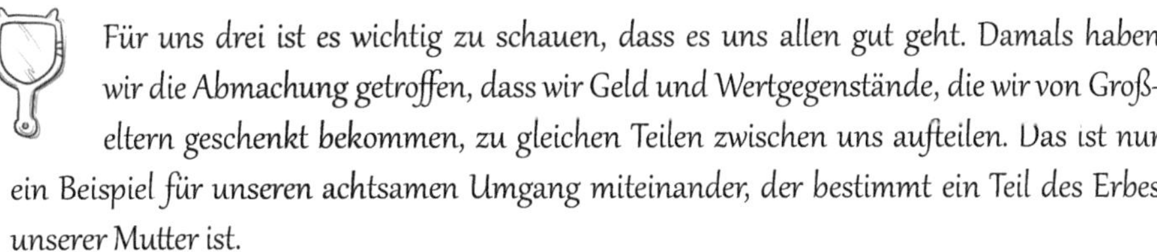

Für uns drei ist es wichtig zu schauen, dass es uns allen gut geht. Damals haben wir die Abmachung getroffen, dass wir Geld und Wertgegenstände, die wir von Großeltern geschenkt bekommen, zu gleichen Teilen zwischen uns aufteilen. Das ist nur ein Beispiel für unseren achtsamen Umgang miteinander, der bestimmt ein Teil des Erbes unserer Mutter ist.

Zugleich war ich mit meiner Schule fertig und begann zu studieren: Psychologie und Medizin. Ich wollte verhindern, dass nochmals jemand seine Mutter zu früh verliert. Nach den beiden Wasserfällen in meiner Kindheit – die Krankheit meiner Schwester und die Brustkrebsdiagnose meiner Mutter – und dem tiefen Fall nach dem Tod meiner Mutter weitete sich der

Fluss meines Lebens zu einem großen See. Da gab es viel zu entdecken und zu feiern mit vielen spontanen Aktionen. Das Leben war einfach ein buntes Treibenlassen.

Neben all dem Treiben blieb mir ein Satz aus der Biologie-Vorlesung hängen: Die – biologisch betrachtet – beste Zeit, Kinder zu bekommen, ist zwischen 18 und 24 Jahren. Mit 20 Jahren fragte ich mich, was ich wirklich wollte und wie meine nächsten Jahre aussehen sollten. Wollte ich wirklich Medizin studieren? Um mit frühestens 36 Jahren meinen Facharzt zu haben? Da gingen sich Kinder, so wie ich mir vorstellte, mit ihnen zu leben, nicht aus.

Bald merkte ich: Das, was ich wirklich möchte, ist Mutter sein. Schrittweise entwickelte ich meine Vorstellungen, welche Voraussetzungen ich an den Vater meiner Kinder stellen wollte, damit ich ihn nur ja nicht übersehen würde. Und voilà, da war er: Erwin, der Vater meiner Kinder, die Liebe meines Lebens.

Bald wurde mein Fluss wieder einmal sehr eng und holprig, als wir unser beider Leben begannen aufzuarbeiten und hinzusehen, was da alles passiert war.

Dann aber kam der Zeitpunkt, an dem mir bewusst wurde: Jetzt will ich ein Kind! Wir beide mitten im Studium war mir dennoch klar, dass der essentielle Teil meines Lebens darauf wartete, gelebt zu werden. Ich tauschte mein Medizinstudium gegen die Mutterrolle und war überglücklich, dieses kleine Wesen in mir heranwachsen zu spüren.

Gleich lernte ich eine Seite des Mutterseins kennen, die ich von da an sehr oft erfahren habe: für sein Kind einzustehen und auf sich und sein Kind zu hören.

Mein erster Besuch beim Gynäkologen begann mit der Frage, ob ich denn das Kind wirklich behalten wolle, ich sei doch noch so jung. Dass meine Schwangerschaft geplant und gewollt war, konnte sich der gute Mann gar nicht vorstellen. Zum Glück fand ich eine Hebamme und einen Arzt, die sich von Herzen freuten, mich bei der Geburt begleiten zu können. In meiner völligen Ahnungslosigkeit ließ ich anfangs noch Untersuchungen über uns ergehen, von denen ich bald wusste: Ich kann auch

Nein sagen zu dem, was andere vorschlagen, wenn es nicht zu dem passt, was ich und mein Kind mir sagen.

Durch meine Aufregung beim Organscreening in der ersten Schwangerschaft wurde mir beispielsweise klar, dass es für mich völlig irrelevant ist, was da für ein „Resultat" herauskommt. Ich liebte dieses Wesen in mir und so lange es auf Erden sein wollte, konnte es dies sein: gar nicht, für kurze Zeit oder länger.

Für mich standen immer zwei Fragen im Vordergrund: Was will diese kleine Seele? Und was will ich? Sobald klar war, dass diese Seele auf die Welt kommen wollte und ich das auch mochte, gab es keine weiteren Fragen mehr. Nur noch die Überzeugung, dass es so, wie es ist, der beste Weg für alle Beteiligten ist.

 *In unserem Geburtsvorbereitungskurs machten wir eine Übung, die ich erst jetzt so wirklich begreifen kann. Jedes Paar malte eine Zeichnung. Dann gaben wir unsere Zeichnung einem Paar weiter und dieses malte etwas dazu. Als wir unser Bild wiederbekamen, war ich völlig verstört und grantig. Da hatte jemand einen Hund dazugemalt, der unserer Katze in den Schwanz biss, Nichts war mehr so wie vorher. Die Hebamme meinte: „Ja, so wird euer Leben mit Kindern sein." Damals fand ich das merkwürdig. Erst langsam verstand ich, dass Vieles nicht so war, wie ich es mir in meinen Träumen ausgemalt hatte: Da hatte tatsächlich jemand dazwischengemalt und die Welt noch viel bunter werden lassen, als ich es mir jemals vorgestellt hatte.*

IM FLUSS MIT KINDERN

Diese erste Geburt war leider völlig anders, als ich es gedacht hatte: Lukas' Kopf eckte am Becken an und er rutschte nicht in den Geburtskanal. Was er wohl gebraucht hätte? Das hat ihn damals leider niemand gefragt.

Nach 24 Stunden Wehen war Schluss mit der Idee einer natürlichen Geburt und ein Kaiserschnitt wurde gemacht. Lukas ging es nach der Geburt sehr schlecht: Er atmete nicht, war blau und wurde beatmet. Ich lag festgebunden auf dem OP-Tisch und sah nur von der Ferne, wie an meinem Baby herumgewerkt wurde. Gedanken an meine Mutter und meine

Schwester schossen mir durch den Kopf. Ich hatte nur die Bitte, ihn gehen zu lassen, wenn er es wollte.

Nach einer halben Ewigkeit, die angeblich „nur" zehn Minuten dauerte, bekam Erwin dann unser Baby in den Arm gelegt. Eine Stunde später war Lukas das erste Mal in meinen Armen und auf meinem Bauch. Weil ich fest darauf bestand, konnten das Baby, Erwin und ich die zwei Nächte, die ich im Spital verbringen musste, gemeinsam dort sein.

Mit den üblichen Schmerzen nach einem Kaiserschnitt raffte ich mich am Sonntagmorgen auf und beschloss, nach Hause zu fahren. Plötzlich wurde mir das untersagt. Angeblich bestünde die Gefahr, dass Lukas bei der Geburt einen Sauerstoffmangel erlitten und nun einen Gehirnschaden habe. Er müsse noch einen weiteren Tag dableiben, bis der Kinderarzt käme.

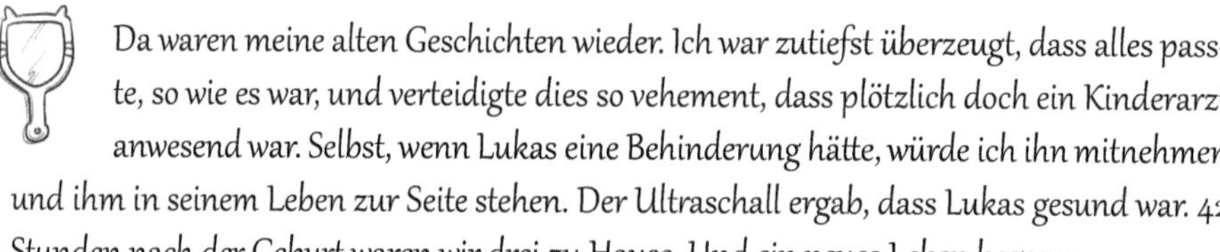

Da waren meine alten Geschichten wieder. Ich war zutiefst überzeugt, dass alles passte, so wie es war, und verteidigte dies so vehement, dass plötzlich doch ein Kinderarzt anwesend war. Selbst, wenn Lukas eine Behinderung hätte, würde ich ihn mitnehmen und ihm in seinem Leben zur Seite stehen. Der Ultraschall ergab, dass Lukas gesund war. 42 Stunden nach der Geburt waren wir drei zu Hause. Und ein neues Leben begann.

Tief beeindruckt von der Arbeit von Emmi Pikler im „Lozy", einem Kinderhaus in Ungarn, überließ ich Lukas seine Bewegungsentwicklung selbst. Emmi Pikler war Kinderärztin und hat die natürliche Bewegungsentwicklung intensiv beobachtet, um daraus abzuleiten, was eine gut vorbereitete Umgebung für Babys sei.

Diese Vorbereitung beinhaltet eher weniger als mehr: eine gute Matratze, sichere Orte zum Schlafen und Spielen und einfache Spielsachen, die Kinder vielseitig verwenden können. Piklers Empfehlungen lauteten: kein Aufsetzen, keine Gehhilfen, Sachen selber ausprobieren lassen und Kinder nicht in und auf Spielgeräte bringen, die sie selbst noch nicht erklettern können.

Zugleich merkte ich auch, wo es gut war, meinen eigenen Weg zu gehen. So habe ich zum Einschlafen gestillt und ließ mein Baby – entgegen der üblichen Empfehlungen – auf dem Bauch schlafen, weil es für Lukas so angenehmer war. Abgesehen von schmerzvollen Babyblähungen genossen wir unser Familienleben sehr.

Ich setzte mein Psychologiestudium fort und hatte Lukas so oft wie möglich auf der Uni mit. Erwin, der sein Studium bereits beendet hatte, arbeitete zwei bis drei Tage pro Woche von zu Hause aus. So konnte ich auch Praktika im Rahmen meines Studiums machen, denn Lukas war in dieser Zeit bei seinem Papa.

Im April 2002 kam unsere erste Tochter Laura auf die Welt. Nach dem Kaiserschnitt von Lukas hatte ich eine sehr starke Trauer über die Unfähigkeit gehabt, ein Kind auf natürliche Weise zur Welt zu bringen. Ich sah die Verantwortung bei mir und entdeckte immer wieder Parallelen zwischen der Geburt und Lukas' Verhalten, zum Beispiel sich gehen zu lassen und Sachen nicht anzupacken nach dem Prinzip: „Wenn's schwierig wird, dann lass' ich mal lieber die Hände davon und lasse es einfach geschehen."

So suchte ich mir einen Gynäkologen, der sich eine natürliche Geburt vorstellen konnte. Allerdings hatte ich keine Hebamme und musste in ein Spital. Als ich dort gute zwei Wochen vor dem Termin nach vier Stunden Wehen erschien, wurde ich als Erstes wieder nach Hause geschickt.

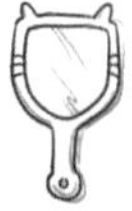 *Abends kamen wir dann nochmals, nach zwölf Stunden Wehen. Nachdem ich den Kreißsaal betreten hatte – einen nüchternen Raum mit einem Bett als einziges Inventar –, war mein erster Satz: „Da will ich mein Kind nicht bekommen." Ich stand am Fenster, sah die leicht grünen Hügel im Nordwesten Wiens und wollte wieder weg. Das merkte wohl auch der Zwerg in mir, denn Laura rutschte im Bauch wieder ganz hinauf.*

Um sechs Uhr in der Früh, nach 24 Stunden Wehen, durfte ich mich dann entscheiden: Kaiserschnitt vor den geplanten OP-Terminen des Tages oder irgendwann eingeschoben in sechs oder sieben Stunden. Eine natürliche Geburt sei zu gefährlich, die Nabelschnur könnte vorrutschen. Bei dieser Ansage lag auch schon das Formular für meine Einwilligung auf meinem Bauch, und zwischen zwei Wehen wurde mir diese Entscheidung nahegelegt. So kam um acht Uhr unsere kleine zarte Laura auf die Welt. Bereits eine halbe Stunde später waren Lukas und meine Schwester im

Aufwachzimmer bei uns, nicht wissend, dass sie in diesem Raum eigentlich nicht zugelassen waren. So sah Lukas seine neugeborene Schwester gleich!

Fest entschlossen, so bald wie möglich nach Hause zu kommen, begann ich bereits am ersten Abend, alleine aufzustehen, damit mein Kreislauf wieder mobil wäre und ich nach Hause käme. Ich merkte sehr schnell, dass ich raus musste: Ich durfte nicht einmal zum Lift gehen, da dort angeblich Keime lauerten. Als Laura am ersten Tag gewogen wurde, machte die Krankenschwester einen Fehler und teilte mir mit, Laura hätte zu viel abgenommen. 20 Minuten lang diskutierte ich mit ihr, anschließend mit dem Arzt, dem ich erklärte, dass sie gut trinke und sicher nicht so stark abgenommen hätte. Irgendwann kamen sie auf die glorreiche Idee, nochmals zu wiegen. Und siehe da!

Ein großer Bruder zu sein war für Lukas erstmal irritierend. Er verstand nicht ganz, wie sich sein Leben veränderte. Die ersten Tage hielt er sich von mir fern. Ich durfte ihn nicht anfassen, ihm kein Essen geben und Vieles mehr. Dafür war nun Erwin zuständig. Im Gegenzug dazu durfte Erwin Laura nicht berühren.

Diese Situation dauerte ein paar Tage und unser Wunsch nach einem feinen Zusammensein kratzte schon sehr an der Türe. Dann, plötzlich, begann sich Lukas für Laura zu interessieren. Er wollte sie im Arm halten und ich durfte ihn auch wieder in den Arm nehmen. Es war herrlich, beide Kinder in meinen Armen halten zu können! Erwin durfte auch einmal Laura halten. An diesem Abend schlief ich gemeinsam mit Lukas in seinem Bett ein, tief umschlungen.

In den ersten zwei Jahren als Mutter gab es in meinem Freundeskreis noch keine weiteren Mütter und meine eigene Mutter hatte ich nicht mehr. So begann ich viel zu lesen, um im Austausch über das Muttersein zu sein. Ich las damals mit großer Begeisterung die Bücher von Rebeca Wild, Emmi Pikler und Joseph Pearce. Sie alle beschrieben für mich den natürlichen Weg des Lernens, betonten, wie wichtig Ehrlichkeit und Aufrichtigkeit den Kindern gegenüber sei, und zeigten mir eine Achtsamkeit und Liebe, die ich bei meiner Mutter erlebt hatte und nun selbst mit meinen Kindern lebte. Ganz klar war für mich zum Beispiel, dass ich meine Kinder nicht anlügen würde. Ein Vorsatz, bei dem ich bald merkte, dass er ganz schön anstrengend war. Auch wenn ich es mir oft leichter hätte machen können, indem ich ein wenig schwindelte, habe ich meinen Kindern nicht erzählt, die Süßigkeiten seien aus, obwohl sie noch da waren, oder Geschichten erfunden, weshalb etwas so und nicht anders sei. Da brauchte es immer wieder Zeit und Ruhe zum Trösten in der Traurigkeit. Ganz klar war auch, dass ich meinen Kindern nicht drohen möchte, sie nicht loben und bestrafen werde.

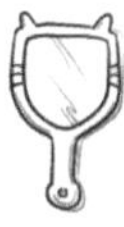

Als Lukas zweieinhalb Jahre alt war, machte in der Nähe ein Kinderhaus auf, das genau diese Ideen von freier Entfaltung und achtsamer Begleitung als Ziel hatte. Ohne die Unterstützung von Großeltern zu haben freute ich mich auf den Gedanken, ein wenig Zeit nur mit Laura zu haben, und Lukas blieb wirklich gerne dort – sehr zu meinem Leidwesen auch über Mittag, da dieses gemeinsame Essen den Vormittag für ihn abschloss. Es entsprach einfach Lukas' Wesen: neugierig in etwas hineinzugehen und Freunde zu finden.

In dieser Zeit machte ich mein Psychologiestudium fertig und den ersten Teil des BWL-Studiums, denn mir war immer klar, dass ich neben den Kindern eine geistige Herausforderung brauchte.

Bei meiner Diplomprüfung in Entwicklungspsychologie merkte ich, dass ich mich entscheiden kann: Ich konnte meine Überzeugung verbiegen, meine Erfahrungen leugnen und wiedergeben, was in Büchern steht. Oder ich konnte meine Meinung und Erfahrung zu einem Thema beitragen. Diese sah oft anders aus als die Lehrmeinung: Ich bestand die Prüfung nicht.

Mit dem Ziel, nur eine vorgeschriebene Prüfung bestehen und nicht die Uni reformieren zu wollen, betete ich beim zweiten Antritt dann das auswendig Gelernte herunter.

In den folgenden Jahren machte ich Ausbildungen, die mich immer klarer werden ließen in Bezug auf den Umgang mit mir selbst, meinem Partner und meinen Kindern. Ich wurde systemischer Coach und Trainerin in Gewaltfreier Kommunikation.

Als Laura und Lukas drei und fünf Jahre alt waren, wurde Benjamin geboren. Ich hatte mich damals damit abgefunden, Kinder nur noch per Kaiserschnitt auf die Welt zu bringen. Mir war also bewusst, dass ich wohl nicht mehr als vier eigene Kinder haben würde. Doch mein Wunsch, nicht nur meinen eigenen Kindern die Liebe meiner Mutter weiterzugeben, sondern auch anderen, eventuell Pflegekindern, war in mir sowieso im Wachsen.

Noch vor meiner dritten Schwangerschaft machten wir den Pflegeelternkurs. Wir saßen als einziges Paar mit Kind in diesem Kurs. Da merkte ich zum ersten Mal, welches Geschenk es war, selbst Mutter und Vater zu sein. Diese Dankbarkeit über meine und unsere Fruchtbarkeit ist seitdem enorm groß. Oft fragte ich mich, wie das wohl wäre, keine eigenen Kinder zu haben ...

Nach unserem Pflegeelternkurs erhielten wir bald einen Anruf: Es gäbe ein Baby für uns, einen Jungen mit Trisomie 21, dem sogenannten „Down-Syndrom". Seine Mutter sei noch minderjährig und hätte das Kind zurückgelassen. Nach kurzer Bedenkzeit sagten wir, dass wir uns das vorstellen könnten, und zugleich auch, dass ich schwanger sei. Es hieß, es sei leider nicht möglich, zwei ziemlich gleichalte Kinder großzuziehen, und so wurden wir keine Pflegeeltern. Der Junge kam zu einer Frau, die es sich zur Aufgabe gemacht hatte, Kinder mit Down-Syndrom großzuziehen, so denke ich, dass es eine gute Lösung für alle war.

Nun stand unsere Geburt an. Ich fand eine kompetente Gynäkologin, die in den Raum stellte, ob ich nicht doch eine natürliche Geburt probieren wollte, als ich mit meinem Plan für den perfekten Kaiserschnitt anrückte. Obwohl ich erst einmal perplex war, begann dieser Gedanke zu reifen. Glücklicherweise hatte ich eine wundervolle Hebamme, die mich begleiten würde, und im April kam Benjamin ambulant bei einer natürlichen Geburt auf die Welt.

 *Spannend war für mich, dass ich plötzlich unter der Geburt an einem Punkt war, wo ich nicht mehr weiterwusste, da die Geburtsvorbereitungskurse schon ewig her waren. Halb vom Bett fallend unter Wahnsinnsgeschrei meinerseits brüllte ich diesen Zwerg auf die Welt: Benjamin, den Glücklichen.*

Nach zwei Stunden fuhren wir nach Hause und waren so ganz schnell eine wirkliche Familie. Das war unglaublich für mich. Lauras Überraschung über den Zuwachs kam nach ein paar Tagen: Wir waren mit meiner Schwester im Park, Benjamin schlief einmal nicht im Tragetuch, sondern im Kinderwagen, und Lukas spielte. Da brach der ganze Kummer aus diesem kleinen Herzen und sie weinte bitterlichst all ihre Tränen aus. Sobald dieser Schmerz heraus war, zog wieder die Sonne in ihrem Gesicht auf und alles war gut.

Zu dieser Zeit lebten wir mit unseren drei Kindern noch in Wien. Ich merkte, dass es schwer zu vereinbaren war, sich an die aufgestellten Normen zu halten und gleichzeitig derart auf die Bedürfnisse der Kinder einzugehen, wie es für uns passte. Es wurde immer schwieriger, ihnen den Raum zum Spielen und Erforschen zu geben, den sie im Freien brauchten: Wiesen durften nicht betreten, Blumen nicht gepflückt werden, Bäume waren nicht zum Klettern da und Lager konnten auch keine gebaut werden.

Immer mehr Zeit verbrachte ich mit den Kindern im Wald, abseits der Zivilisation und fernab einer Gesellschaft, für die Kinder oft nur nettes Dekorationsmaterial ohne eigenen Willen sein sollen. Ich fühlte mich in meinem eigenen Stadtteil, in dem ich aufgewachsen und der meine Heimat war, nicht mehr zu Hause. Dabei wollte ich meinen Kindern lediglich das freie Leben bieten, das ich selbst gehabt hatte.

Schnell erlebte ich mich mit den Kindern als Außenseiter, weil ich mich weigerte, sie mit dem Fernseher ruhigzustellen. Ich wollte diese wundervolle Beziehung, die wir hatten, nicht aufs Spiel setzen für das Abstumpfen und Anpassen. Also entschied ich mich gegen viele Beziehungen in meinem alten Zuhause.

Lukas' Schuleintritt stand vor der Türe und mir wurde immer klarer, dass es sicher keine Regelschule sein konnte. So fügte sich alles innerhalb weniger Wochen gut zusammen: Wir erfuhren vom „Waldkindergarten", wurden in unsere Wunschschule aufgenommen und fanden ein Haus am Waldrand. Und das Allerwichtigste: Wir fühlten uns willkommen. Die Kinder konnten klettern, in der Erde graben und nach Herzenslust Lager bauen. Sie durften sich schmutzig machen und konnten frei spielen. Ich fand Erwachsene, die mir ihr Haus anboten, solange wir noch nicht in unserem wohnen konnten. Das war wie nach Hause kommen. In unserer Nachbarin fand ich eine Ersatzoma und bis heute fühlt sich diese unsere Entscheidung richtig gut an.

Lukas' Schulbeginn war für uns alle eine große Veränderung. Wir bekamen in der Schule und im Kindergarten mit der Zeit eine zweite Familie: Freunde, die uns in schwierigen Zeiten unterstützen, Austausch in Gesprächen, Diskussionen und Kinderbetreuung.

Unsere Schule basiert auf den Erfahrungen von Rebeca Wild, dass Kinder eine vorbereitete Umgebung brauchen und achtsame, liebevolle Menschen, die sie begleiten. Welches Kind was, wann, wo machen und lernen möchte, ist ihm überlassen. Neben dem alten Gebäude gibt es einen großen Garten und einen noch größeren Wald.

Besonders im Vordergrund stehen zwischenmenschliche Entwicklungen: Banden bilden, Konflikte lösen. Das Erste, was Lukas in der Schule gelernt hat, waren Schimpfwörter. So spannend dies für zwei Wochen war, so unspannend waren diese danach. In der Schule war er anfangs so sehr mit seinen Freunden beschäftigt, dass er wenig Zeit hatte, um sich alleine zu beschäftigen. Daher suchte er die Ruhe zu Hause. Abends schrieben wir uns oft Briefe, die wir uns unter dem Türschlitz durchschoben – so lernte er lesen und schreiben.

Die Fülle an Erfahrungen und Wissen, das nicht oberflächlich gelernt, sondern wirklich begriffen wurde, war enorm. Das erlebte und erlebe ich nicht nur bei ihm so, sondern bei all seinen Geschwistern.

Sobald wir uns richtig eingelebt hatten, beschlossen wir, nochmals den Wunsch nach einem Pflegekind aufzugreifen. Doch auch da kam uns eine Seele zuvor, die sich bei uns einlebte, bevor wir konkrete Schritte gehen konnten. So waren wir nach einem Jahr in dem Haus bereits zu sechst.

Jakob kam zu Hause auf die Welt. Das war ein ganz besonderes Ereignis. Wir ließen uns zwar die Option offen, die Geburt abzubrechen, falls es einem von uns Beteiligten zu unsicher werden würde, doch in dieser Nacht dachte keiner von uns daran, ins

Spital zu fahren. Besonders fein fand ich an dieser Geburt dieses bewusste Erleben, da ich ja nun endlich wusste, wie eine natürliche Geburt vor sich geht und ich dadurch gut mit meinem Baby im Bauch in Kontakt bleiben konnte.

Massiv gestört hat mich, dass die Fruchtblase von der Hebamme einfach aufgestochen wurde und weder ich noch Jakob darauf vorbereitet waren. Es war gegen sechs Uhr morgens, als wir dann alle erschöpft und voll des Glückes im Wohnzimmer auf dem Sofa lagerten. Emmi, eine Freundin, die bei der Geburt für eventuell munter werdende Kids anwesend war, holte vom Bäcker frisches Gebäck.

Zeitgleich mit dem Frühstück kamen die Kinder anmarschiert. Laura hatte sich so sehr eine Schwester gewünscht, dass sie in den ersten Wochen sogar erzählte, dass Jakob ein Mädchen sei. Für Benjamin habe ich die Geburt von Jakob nicht als so massives Erlebnis empfunden. Der Rauswurf der anderen beiden als damals jeweils jüngstes Kind war einschneidender gewesen.

Es folgte ein Sommer mit viel Baden an der Donau und einem heftigen Sturz von Benjamin. Er war geklettert, gefallen und hatte sich einen Cut am Auge zugezogen. Das musste im Spital genäht werden. Unser erster Spitalbesuch. Ich lernte, was es heißt, eine Löwenmutter zu sein, und es gab Diskussionen, weshalb er noch nicht Tetanus geimpft sei. Ich bestand darauf, Benjamin gleich nach der OP wieder mit nach Hause zu nehmen, da es keinen Platz für Jakob in Spital gab und ich Benjamin sicher nicht alleine gelassen hätte.

Anschließend begann so etwas wie eine Familienidylle. Das waren jene Momente, in denen man sich denkt, jetzt möchte man die Zeit anhalten, weil einfach alles nur wundervoll ist.

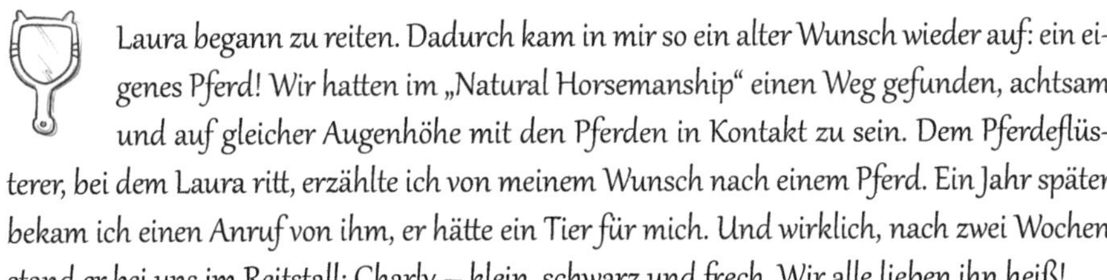

Laura begann zu reiten. Dadurch kam in mir so ein alter Wunsch wieder auf: ein eigenes Pferd! Wir hatten im „Natural Horsemanship" einen Weg gefunden, achtsam und auf gleicher Augenhöhe mit den Pferden in Kontakt zu sein. Dem Pferdeflüsterer, bei dem Laura ritt, erzählte ich von meinem Wunsch nach einem Pferd. Ein Jahr später bekam ich einen Anruf von ihm, er hätte ein Tier für mich. Und wirklich, nach zwei Wochen stand er bei uns im Reitstall: Charly — klein, schwarz und frech. Wir alle lieben ihn heiß!

Zeitgleich mit Charlys Ankunft ließ sich eine weitere Seele bei uns nieder: Sarah, die neun Monate nach Charlys Ankunft ganz bei uns landete. Von meinem Gefühl her machte diese Schwangerschaft unsere Familie komplett. Ich verbrachte damals viel Zeit im Reitstall und ritt bis kurz vor der Geburt, ebenso kurz danach wieder.

Sarah kam an einem warmen Maimorgen bei uns zu Hause auf die Welt, während die anderen in der Schule, im Kindergarten bzw. bei Freunden waren. Wir freuten uns alle riesig über unsere zweite Tochter und Jakob kam gut mit seiner neuen Position klar. Bei Benjamin, der nun genau in der Mitte war, hatte ich ein wenig das Gefühl, dass er nun „rollenlos" war. Da gab es einen großen Bruder und eine große Schwester, einen kleinen Bruder und eine kleine Schwester – und ihn, den Mittleren.

ALLES IM FLUSS?

Im darauffolgenden Frühling wurde Benjamin krank. Er bekam eine Grippe, die sich zwei Wochen lang zog und von der er nicht mehr gesund wurde. Eines Abends klagte er über massive Bauch- und Brustschmerzen, am nächsten Tag im Spital wurde eine Herzbeutelentzündung festgestellt.

Es begannen für uns drei Jahre des Ausnahmezustands. Bei Benjamin wurde Morbus Still, kindliches Rheuma, diagnostiziert, und es dauerte sehr lange, bis wir lernten, mit dieser Diagnose umzugehen und sie anzunehmen. In diesen Jahren war Benjamin dreimal nahe an der Grenze zum Tode und jedes Mal blieb er dann doch noch hier auf dieser Welt. Wir stellten uns immer wieder die Frage, ob wir ihn gegen seinen Willen hier festhalten.

Es waren Zeiten, in denen wir als Familie sehr aus dem Lot waren, und alle ganz viel an Unterstützung, Zuhören und Schmerz Ausleben brauchten. Manchmal waren wir uns selbst im Wege, manchmal war es gut, nur unter sich zu sein. Oft brauchte jeder etwas anderes. Sarah musste mich von einem Tag auf den anderen entbehren, und wenn ich dann abends erschöpft aus dem Krankenhaus kam, hatte ich häufig kaum mehr die Kraft, für die anderen Kinder da zu sein. Erwin verbrachte die Nächte immer bei Benjamin.

In diesen akuten Phasen, in denen Benjamin im Spital war, erst ums Überleben kämpfte und anschließend noch Zeit brauchte, um wieder so stabil zu sein, dass er nach Hause kommen konnte, hatten wir ein wundervolles Netz aus Freunden und Familie. Alle unterstützten uns. Ständig war jemand bei Benjamin und auch jemand bei unseren Kindern nachmittags zu Hause.

Benjamins Krankenverlauf hat sich nun seit fünf Jahren stabilisiert, die Krankheit hat sich „ausgewachsen" und wir haben diese anstrengende Zeit gut hinter uns gelassen.

Schwanger war ich zwischendurch auch wieder, doch das ging in dem zweiten Krankenhausaufenthalt von Benjamin wirklich unter. Selbst im Krankenhaus fiel mir erst im Röntgenraum ein, dass ich ja nicht bei Benjamin bleiben konnte.

Die Seele in mir war ein kleiner Seelentröster. In dem Bewusstsein, hier im Chaos bei uns zu landen, kam am 6. Dezember Tim zur Welt, unser kleines Licht. Die Geburt zu Hause war ein Moment der Kraft und des In-Beziehung-Seins mit diesem Wesen, wundervoll. Genauso wunderbar wie die Geburt fügte sich auch Tim in unser Leben ein. Ein Leben, in dem ich die meiste Zeit mit Benjamin, Sarah und Tim über den Winter zu Hause war und wir viel zu viert im Bett kuschelten.

Danach gab es diesen irren Frühling:

Benjamin hatte den ganzen Winter über Schmerzen gehabt und Fieberschübe. Er war die Hälfte der Zeit zu Hause statt in der Schule gewesen. Wir hatten gehofft, dass er durch viel Ruhe und homöopathische Behandlungen seine Mitte finden und wieder gesund werden würde. Doch dem war nicht so. Daher beschlossen wir, ihn abermals im Krankenhaus behandeln zu lassen.

An dem Tag, bevor wir den Termin im Spital hatten, wollte ich mit unserem Pferd Charly eine Runde Frühlingsluft schnuppern. Ich war aber nach der Geburt noch nicht gelenkig genug, fiel vom Pferd und brach mir das Schlüsselbein. Für die nächsten sechs Wochen war ich lahmgelegt, durfte nicht selbst mit dem Auto fahren und konnte ohne Unterstützung nicht einmal Tim zum Stillen halten. Es war ein unvorstellbares Chaos Diese Tage wären ohne all unsere Freunde nicht machbar gewesen.

Zwei Tage nach Benjamins Entlassung, es war mein Geburtstag, lag eine ganz eigenartige Stimmung in der Luft. Benjamin schlief den ganzen Tag nicht, war unruhig und konnte nicht sagen, was er brauchte. Abends hatte ich einen Termin und ließ mich von einer Freundin mit Tim abholen.

Kurze Zeit später rief mich Erwin an: Benjamin lag bewusstlos am Boden, er habe den Notarzt gerufen. Ich kam zu Hause an, gerade als Benjamin immer noch bewusstlos zum Rettungswagen gebracht wurde. Die anderen Kinder, vor allem Lukas, waren völlig aufgelöst. Benjamin hatte einen Krampfanfall gehabt, und kam zwei Tage lang nicht zu sich. Erneut stellte ich mir und ihm die Frage, was er uns mit dieser Krankheit sagen wollte. Mochte er noch auf dieser Welt sein?

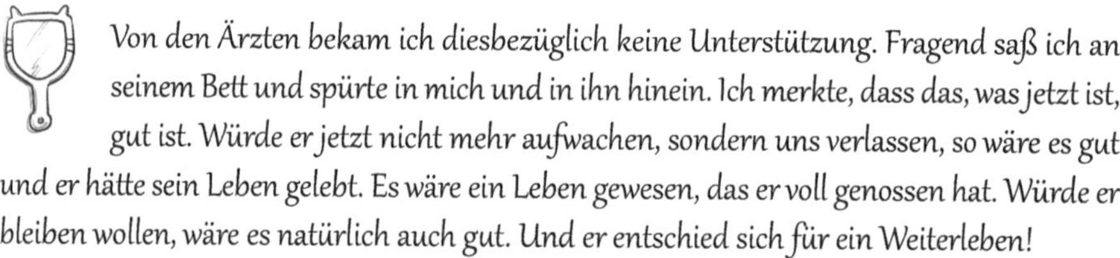

Von den Ärzten bekam ich diesbezüglich keine Unterstützung. Fragend saß ich an seinem Bett und spürte in mich und in ihn hinein. Ich merkte, dass das, was jetzt ist, gut ist. Würde er jetzt nicht mehr aufwachen, sondern uns verlassen, so wäre es gut und er hätte sein Leben gelebt. Es wäre ein Leben gewesen, das er voll genossen hat. Würde er bleiben wollen, wäre es natürlich auch gut. Und er entschied sich für ein Weiterleben!

Irgendwann dachten wir, der Alltag würde einkehren: Benjamin kehrte einen Monat später nach Hause zurück und ich konnte meinen Arm wieder gut bewegen. Da rief mich meine Nachbarin an und sagte uns, dass unser Auto brenne. Aus unerklärlichen Gründen stand es in Flammen, und zwar genau an dem Tag, an dem ich wieder hätte fahren dürfen.

Mit einem Schlag waren wir reduziert auf unser Dorf und die Bahn, denn auch der Kinderwagen war im Auto verbrannt. Mit der Zeit war es sogar angenehm, in dieser Langsamkeit anzukommen. Doch leider hat sich das wieder gegeben, sobald ein neues Auto vor der Türe stand.

Wir hofften, nun Ruhe und Erholung zu bekommen. Es kam anders. Tim fing sich einen Virus ein. Nach fünf Tagen ging es ihm ganz schlecht und er bekam kaum noch Luft. Binnen weniger Stunden war er nur noch unruhig und rang nach Sauerstoff. Schon wieder fuhren wir mit Blaulicht ins Spital: Tim hatte eine Bronchiolitis. Er kam gemeinsam mit mir auf die Intensivstation. Dort gab es Ärger, weil er auf meinem Arm schlafen wollte. Für über eine Woche mussten wir im Krankenhaus bleiben.

Für mich war es eine echte Erholung, nur für ihn zuständig zu sein und ansonsten nichts machen zu können. Trotzdem brach ich nach der Heimkehr zusammen, bekam eine Gürtelrose und war völlig am Ende. Tagelang konnte ich nur liegen, schlafen und schaffte es gerade, Tim zu versorgen. Zugleich hatte ich die Möglichkeit, aufzutanken. Das war bitter nötig. Aber: Dieses halbe Jahr des Wahnsinns holte mich auf den Boden der Realität zurück. Es schenkte mir eine Gelassenheit und Langsamkeit wieder, die ich davor mit der Idee von „Tausend Sachen gleichzeitig machen" verlernt gehabt hatte.

Nach dieser wirren Zeit brauchten wir alle einen Tapetenwechsel und holten einen längst geplanten Urlaub in den Niederlanden nach. Wir Erwachsenen wollten Ruhe und Entspannung und die Kinder mussten auftanken, was sie an Zeit und Aufmerksamkeit in den letzten Monaten nicht bekommen hatten. Das wurde massiv eingefordert, teilweise durch Streitereien.

Schließlich kehrte Ruhe ein und wir konnten im Herbst einem neuen Alltag leben. Benjamin bekam für ein gutes Jahr Medikamente, begleitet von Homöopathika. Da wir diesen ersten Winter mit gering dosierten Medikamenten ohne weitere Komplikationen überstanden, konnten wir es im Sommer wagen, die schulmedizinischen Medikamente abzusetzen. Bis jetzt geht es Benjamin gut.

Im folgenden Jahr begann Erwin eine zusätzliche Ausbildung an der Uni und ich beschloss, mit den Kindern im Winter das erste Mal alleine in den Süden zu fliegen. Dorthin, wo ich früher öfter Kraft getankt hatte: nach Sizilien. Dazu später mehr. Auf jeden Fall wurde mir in den letzten Tagen in Sizilien klar: Ich bin nicht alleine gereist, da war noch eine zweite Seele in und mit mir unterwegs.

Vorerst verabschiedete ich mich von der Idee, zusätzlich noch arbeiten zu wollen. Aus vielen Bereichen zog ich mich zurück und begann, jeden Tag mit meiner Familie, meinem Garten und meinem Pferd zu genießen und mir das Leben angenehm und leicht zu gestalten.

Im Oktober darauf kam Moritz auf die Welt. Nach dieser wundervollen Geburt ist es für mich sehr schade, dass es meine letzte war. Ich genieße ganz bewusst jeden Augenblick. Moritz ist da, um Vieles wieder gut zu machen, was in der Schwangerschaft mit Tim und in seinen ersten Monaten keinen Raum gefunden hat. Und zugleich kann ich auch Tim somit mehr Raum einräumen für das, was er noch nachholen muss.

Ich genieße die Beziehung zu all meinen Kindern und merke, dass ich zu jedem einen guten Draht habe und alle auf ihre eigene Art schätzen und lieben kann. Immer wieder erkenne ich an Jakob und Tim, was Benjamin versäumt hat, welche Zeit er mit seiner Krankheit und dem Gesundwerden verbracht hat und wie sehr ihn dies geprägt hat.

Schön ist es, zu sehen, wie sehr sich die beiden Jüngsten verstehen. Jahrelang haben sie gemeinsam in einem Bett geschlafen, nun ist Tim dafür schon zu alt. Ich erlebe Sarah als kleine Prinzessin, die es schafft, gut mit ihren beiden größeren Brüdern mitzuspielen und auch sehr gerne mit Tim spielt. Ich beobachte, wie selbstständig und groß Tim schon ist, wie wissbegierig und neugierig, und wie schrecklich anstrengend es für ihn – und für uns – sein kann, wenn ihm langweilig ist und er auf der Suche nach einer neuen Beschäftigung ist.

Moritz geht seit zwei Jahren in den Kindergarten und ich habe das erste Mal Vormittage, an denen ich alleine bin. Er ist fasziniert vom Murmelspielen und von mechanischen Abläufen. Moritz und Tim sind zwei ganz schöne Schelme!

So dicht es oft ist, wenn alle gleichzeitig etwas brauchen, so fein ist es, wenn sie zum Beispiel alle zusammen Verstecken spielen. Es ist praktisch für sie, dass immer ein anderes Kind zum Spielen da ist, wenn sie es brauchen. Aber sie können auch gut für sich alleine sein, wenn sie dies wollen.

Ich freue mich über unser Haus am Wald, wo sie Lager bauen, Raumschiffe basteln und Gemüsegärten anlegen können. Ich freue mich, wenn sie gut genährt von zu Hause in die Welt ziehen, mit all ihren Plänen und Ideen. Und genauso freue ich mich, wenn doch nicht alle Pläne in die Realität umgesetzt werden.

Ich genieße es von ganzem Herzen gemeinsam, mit ihnen am Sofa zu kuscheln, Enid Blyton vorzulesen und Reisepläne zu schmieden. Ich freue mich über all die Unterstützungen, die ich von ihnen bekomme: Das Spielen mit den jüngeren Kindern, damit ich den Gemüsegarten umstechen kann, und das Backen von Kuchen, wenn wir darauf Lust haben.

Ich merke, dass sie alle Kinder sind, die in ihren Bedürfnissen wahrgenommen und gehört werden. Aber ich weiß auch, dass sie mich mit meinen Bedürfnissen hören und mich nach ihrem Vermögen unterstützen, diese zumindest teilweise erfüllen zu können. So macht es aus tiefstem Herzen Freude, Mutter dieser sieben wundervollen Zwerge zu sein.

 *Zugleich sehe ich, dass diese Zeit des intensiven Elternseins nun vor einer Veränderung steht. Lukas ist immer weniger zu Hause, mit seiner Freundin lebt er wechselweise bei uns und bei ihren Eltern. Er und Laura entwickeln bereits konkrete Pläne für die Zukunft. Sie haben beide vor, irgendwann auszuziehen und ihr eigenes Leben zu leben.*

Nach wie vor fühlt es sich nur dann so ganz rund an, wenn alle sieben Kinder – beziehungsweise acht, mit Lukas' Freundin – am Abend bei Tisch sitzen, wir gemeinsam essen und jeder erzählt.

Ich genieße es, den Kindern beim ewigen Spielen zuzusehen, wo sie von Einem ins Nächste kommen. Da bauen sie beispielsweise zu viert oder zu fünft im Sommer den ganzen Tag an einer riesigen Höhle im Garten, mit Schaufel, Spaten und Krampen. Diese Höhle ist so groß, dass zwei Kinder bereits darin liegen können. Die ganze Zeit diskutieren sie, was sie alles darin vorhaben.

Sobald einer Hunger bekommt, gehen ein paar auf Erdbeersuche im Garten oder holen Proviant aus der Küche. Dann entdecken sie beim Graben einen alten Schatz und beginnen, diesen auf ihr Baumhaus zu befördern, mit Seilwinde und viel Anstrengung. Das Spiel im Baumhaus geht dann den ganzen Nachmittag über weiter.

So geht es, bis abends die Maikäfer zu schwirren beginnen und sie „Maikäfer-Tennis" spielen – mit Federballschlägern versuchen sie, die Maikäfer von unserem Kirschbaum woanders hinfliegen zu lassen. Und dann, in der späten Dämmerung, sitzen sie erschöpft von alldem in der Wiese und beobachten noch die Fledermäuse, die durch den Garten fliegen. Ein erfüllter Frühlingstag zu Hause.

EIGENEN WÜNSCHEN TREU BLEIBEN: MIT KINDERN REISEN

Reisen ist für mich mein Lebenselixier. Als neugieriger Mensch liebe ich es, in andere Welten und Kulturen einzutauchen und ein wenig zu schnuppern, wie es sich anfühlt, woanders zu leben. Anderes Klima, eine andere Umgebung und der Kontakt mit neuen, unbekannten Menschen sind für mich inspirierend und bereichernd.

Es ist für mich Erholung pur, aus meinem gewohnten Alltagsleben auszusteigen und eine fremde Welt zu betreten. Ich brauche diese Abwechslung zumindest einmal im Jahr. Würde ich ganz meinem Bedürfnis folgen, ohne auf die meines Mannes und meiner (älteren) Kinder zu achten, wäre ich gerne einmal für längere Zeit unterwegs.

Mir ist es wichtig, Kindern Offenheit und Aufgeschlossensein mitzugeben – sowohl anderen Menschen als auch Lebensformen und Werten gegenüber. Auf diese Weise können Vorurteile gegenüber bestimmten Menschengruppen gar nicht erst entstehen. Kinder entdecken außerdem, dass gemeinsames Spielen auch dann möglich ist, wenn sie eine andere Sprache sprechen. Dies haben wir beispielsweise in Ägypten am Sinai erlebt, wo wir mit damals fünf Kindern Urlaub machten. Sie alle haben dort schnell Freunde gefunden: Benjamin einen Bäcker, dem er jeden Abend in die Arme lief, Sarah ein Mädchen, das sie bei einem Ausflug in die Wüste kennengelernt und mit dem sie immer wieder gespielt hat, und Lukas und Jakob einen Kellner, mit dem sie Fußball spielten. Sie alle kamen am letzten Tag vorbei, um sich von uns zu verabschieden, bevor wir mit dem Taxi wieder zum Flughafen gebracht wurden.

Mir ist es wichtig, Kindern zu zeigen, dass unsere Art zu leben nicht die einzig mögliche ist, und dass unser Reichtum, in oder mit dem wir leben, nicht selbstverständlich ist. Auch das Trinkwasser ist eine begrenzte und nicht selbstverständliche Ressource, die einfach aus dem Wasserhahn kommt. In heißen Ländern müssen wir im Sommer das Wasser in Kanistern kaufen. Und als wir bei unserer letzten Reise durch Italien riesige Fabriken und weit ausgedehnte Stadtgebiete gesehen haben, die nicht sehr einladend rochen, haben wir das idyllische Bild von malerischen italienischen Orten und Naturjuwelen durch die realen Bilder ergänzt.

Ebenso ist es unser Ziel, gemeinsam mit unseren Kindern zumindest zum Teil das, was sie in der Schule in Geographie und Biologie lernen und was für sie interessant ist, selbst zu erforschen.

Dies führte uns zu unserer Reise nach Rumänien, um Eishöhlen und Bären zu finden, nach Schottland, um schottisches Hochlandrind in seiner natürlichen Umgebung zu entdecken, nach Marrakesch, um eine Stadt in der Wüste zu erleben und in das Bild von „Valerie und die gute Nachtschaukel" einzutauchen, oder nach Island, um Geysire und Vulkane zu erleben genauso wie die Heimat von Islandpferden. Wir machten auch eine Tour durch Österreich, um die wunderbare Vielfalt unseres eigenen Landes zu entdecken — von den Alpen bis zum Steppensee.

Gleichzeitig habe ich gelernt, dass das Reisen mit meinen Kindern ein völlig anderes ist und ich Orte, die ich bereits vor meiner Zeit als Mutter besucht habe, nun ganz anders erlebe. Das ist mir bei meiner „dolce vita" Stadt Taormina auf Sizilien passiert, wo ich dem Winter entfliehen wollte und im Februar vor sechs Jahren mit meinen sechs Kindern war. So einladend all diese Cafés waren und so gerne ich dort meinen Cappuccino genossen hätte, um Menschen zu beobachten: Letztlich saß ich mit einem Coffee to go auf dem Spielplatz und habe so Einblicke in das italienische Familienleben bekommen.

Ebenso habe ich meine Leidenschaft für Wanderungen und lange Spaziergänge in den österreichischen Bergen gegen den Blick auf sie und das Entdecken von Kräutern am Wegesrand oder am Bauernhof getauscht. Und sehe nun, dass beides seine Qualität und seinen Reiz hat.

Übung für den Alltag

Was ist meine größte Leidenschaft, die ich mit meinen Kindern teilen möchte?

Wie kann ich meinen Wunsch mit den Bedürfnissen meiner Kinder verbinden?

Was ist möglich und was ist dabei gar nicht oder nur anders möglich?

EINBLICKE IN UNSEREN ALLTAG

HARTE FAKTEN

Was bedeutet es in Zahlen, mit sieben Kindern zu leben? Hier ein paar „harte Fakten", die mich immer wieder erstaunen:

- Geburtstagstorten: bisher 78, insgesamt 126 (bis zum 18. Geburtstag des jüngsten Kindes)
- Zähneputzen (vom ersten Zahn bis zum neunten Lebensjahr, dann können sie selber putzen): bisher 153.300 Mal, insgesamt 250.390 Mal
- nicht durchgeschlafene Nächte: bisher etwa 3.000
- Lachen mit den Kindern: unendlich viele Male
- Umarmungen und Kuscheln mit den Kindern: unendlich viele Male
- Unfälle mit Krankenhausaufenthalt: drei (Sturz mit Platzwunde, Hasenbiss, Verdacht auf Gehirnerschütterung)
- Adventkalenderfüllungen: bisher 1.728, insgesamt 2.688
- Vorlesestunden am Abend: seit 17 Jahren im Durchschnitt eine Stunde am Tag: 5.110 Stunden

- Jausenboxen füllen (ab zehn Jahren machen sie sich ihre Jause selbst): bisher etwa 4.500
- Dimension eines gemeinsamen Essens (Momentaufnahme): 750 Gramm Spaghetti, 1 Flasche Passata, 1 Kilo Gemüse
- Frühstück: 1 Liter Milch mit 375 Gramm Müsli

EIN TAG MIT UNS

6:15 Moritz wird munter und weckt mich auf. Er trappelt ins Wohnzimmer. Erwin wird auch wach und übernimmt die erste Schicht. Ich bleibe noch fünf Minuten liegen, neben mir schläft Tim, der in der Nacht zu mir wollte. Wie plane ich heute den Tag? Was ist mir wichtig zu erledigen? – Das habe ich in fünf Minuten im Überblick.

6:20 Ich stehe auf und mache leise Yogaübungen, damit der Tag mit etwas für mich beginnt. Leise, denn daneben schläft noch Tim.

6:30 Ich bin zehn Minuten für mich im Bad.

6:40 Ich komme ins Wohnzimmer. Moritz möchte dringend gestillt werden. Ich kuschle mich mit ihm aufs Sofa, Jakob ist auch schon munter und setzt sich zu uns. Gemeinsam plaudern wir.

6:50 Es sind noch zehn Minuten, bevor der Morgen so richtig losgeht. Ich blättere in einer Zeitschrift.

7:00 Benjamin und Sarah kommen anmarschiert und ich beginne, das Frühstück herzurichten. Abwechselnd füttere ich ein Kind, hole noch etwas zu trinken, helfe beim Anziehen und Zähne putzen.

7:10 Erwin fährt ins Büro. Sarah und Jakob raunzen herum, Sarah will Milch, die aus ist. Jakob will in die Schule gefahren werden, was sich für mich nicht ausgeht. Zum einen wegen Tim, der noch schläft, zum anderen ist den beiden bis zur Abfahrt in die Schule langweilig und sie würden nur streiten. Daher dürfen sie nun enttäuscht und grantig sein, sie werden mit dem Zug zur Schule fahren. Lukas und Laura kommen und fragen, was los sei und ob sie mir helfen können. Die beiden sind ausgeschlafen und gut aufgelegt.

7:30 Laura macht sich auf den Weg zum Bahnhof und bietet Jakob an, ihn mitzunehmen. Da zieht Benjamin auch mit und sie machen sich alle drei auf die Socken. Ich ziehe Tim an, der erst jetzt munter geworden ist, frisiere Sarah und bereite die Jausen für die Waldkinderzeit vor. Zwischendurch esse ich ein Brot und verschiebe einen Arzttermin.

8:00 Wir machen uns fertig zum Rausgehen. Lukas ist noch zu Hause und hilft mir dabei, die Kinder in Matschhosen einzupacken.

8:25 Wir sitzen im Auto und Lukas fährt in die Schule.

8:35 Wir sind bei den Waldkindern angekommen. Tim startet sofort los, Sarah ist auch gleich mitten im Geschehen. Moritz würde auch schon gerne dableiben. Wir fahren weiter und gehen schnell einkaufen. Moritz stapft durch die Regale und schnappt sich Obst, das er erreicht.

9:00 Wir kommen wieder zu Hause an. Moritz beginnt, müde zu werden. Wir stapfen durch den Garten, ich telefoniere mit meiner Schwester.

9:45 Moritz schläft! Jetzt habe ich 2,5 Stunden für mich! Schnell ins Bad und Nägel lackieren, dann habe ich Bürozeit: Die nächsten zwei Stunden bin ich am Laptop.

12:10 Es schüttet in Strömen, da ist es gut, schnell bei den Waldkindern zu sein. Moritz schläft noch. Ich beginne, mich fertig zu machen. Da wird er munter und wir düsen los.

12:20 Sarah möchte zu einem Freund, Tim kommt langsam den Berg hinab. Ich schäle ihn aus seinem nassen Gewand und wir fahren nach Hause.

12:45 Keine Tortellini heute. Tim ist enttäuscht. Er beginnt, Paprika und Broccoli zu schneiden und möchte Kartoffeln dazu – kleine Verbesserung zu den zwei letzten Wochen Tortellini oder Nudeln, die wir hinter uns haben. Wir kochen zu dritt, daneben kläre ich noch schnell etwas für die Schule und hänge die frisch gewaschenen Winterjacken auf.

13:00 Wir essen. Moritz turnt immer wieder auf den Tisch, um mir zu sagen, was er noch möchte. Tim erzählt vom Kindergarten. Anschließend brauche ich noch ein wenig Zeit für Haushalt: kehren, Wäsche wegräumen, ... Tim schaut sich währenddessen Bücher an, Moritz spielt mit seinen Bausteinen. Jakob und Benjamin rufen an, um mir zu sagen, dass sie bei Freunden sind, Laura ist auch unterwegs. Lukas hat bis 16 Uhr Schule.

14:00 Ich will noch ein Brot backen und den Teig vorbereiten, Tim möchte einen Pferdestall mit Decken im Wohnzimmer bauen. Moritz stört ihn dabei, ich nehme ihn immer wieder zu mir. Tim möchte jedoch in meiner Nähe sein und nicht in seinem Zimmer ungestört von Moritz. Dann wandelt sich das Spiel in ein gemeinsames Flummispiel, beide schmeißen und suchen ihre Bälle.

14:30 Ich wage es, daran zu denken, den heutigen Tag aufzuschreiben und schaffe es jetzt auch wirklich.

15:15 Das Flummispiel ist zu Ende. Moritz sitzt nun auf meinem Schoß und schnappt sich die Schätze von meinem Schreibtisch. Tim baut seinen Pferdestall.

16:30 Mir fällt die Decke auf den Kopf und wir gehen eine Regenrunde spazieren, um Sarah abzuholen. Die Mutter des Freundes von Jakob ruft an, die beiden Burschen sind noch nicht nach Hause gekommen. Der Bus, den sie hätten nehmen sollen, wäre um 15 Uhr angekommen.

Bei der Nachbarin sind sie auch nicht. Es regnet in Strömen. Angerufen haben sie bei keinem von uns, was bedeutet, dass es ihnen wohl gut geht. Handys haben sie keine mit. Der nächste Bus kommt um 17 Uhr an und wir beschließen, abzuwarten. Ich überlege, ob es Sinn macht, das Busunternehmen oder bei der Bahn anzurufen, zumindest um mein Gewissen etwas zu tun zu beruhigen.

17:20 Jakob und Jonas waren nicht im Bus. Ich spüre einmal in mich hinein und atme tief durch. Jonas' Mama fährt los, um sie zu suchen, wir haben nur keine Ahnung, wo wir beginnen sollen.

17:30 Jonas' Mama ruft an. Sie hat die beiden gefunden. Die zwei hatten den ersten Bus verpasst und wollten nicht zwei Stunden auf den nächsten warten. Daher haben sie beschlossen, die zehn Kilometer zu Fuß zu gehen. Schlechtes Wetter? Gibt es nicht. Unterwegs wurden sie zweimal gefragt, ob sie nicht nach Hause gebracht werden wollen, doch sie haben Nein gesagt. Man weiß ja nie. Wir sind erleichtert und stolz auf unsere großen Jungs – und ihnen hat das Abenteuer mächtig gefallen.

17:45 Ich hole Sarah ab und wir wandern nach Hause. Der Regen hat aufgehört.

18:00 Ich koche das Abendessen gemeinsam mit den Kindern: Krautfleckerl. Tim und Sarah schneiden Kraut und Zwiebeln, Moritz nascht eifrig von dem Kraut. Lukas kommt nach Hause und heizt den einen Kachelofen ein, Benjamin, der schon da ist, den anderen.

18:30 Abendessen. Tim ist schon sehr müde und weint viel. Nichts passt mehr. Auf die Frage, ob er schlafen gehen möchte, sagt er ja. Wir gehen Zähneputzen und er holt sein Singbuch. Dann singen wir sicher noch 15 Lieder im Bett. Das letzte ist sein Schlaflied. Er kuschelt sich ins Bett und ist drei Minuten später eingeschlafen.

19:00 Zeit für Sarah und Benjamin, sich bettfertig zu machen. Zähneputzen, umziehen. Lukas räumt das Abendessen weg. Ich ziehe Moritz um.

19:30 Sarah schläft heute, wie fast immer, bei Benjamin. Sie liegen im Bett, ich lese ihnen vor und stille dabei Moritz. Als der schläft, trage ich ihn in sein Bett, dann kuschle ich noch die zwei und gebe Benjamin seine Medikamente.

20:00 Die beiden sind am Einschlafen. Zeit für Lukas, um mit ihm noch ein wenig Mathe zu machen. Erwin ist gekommen und ich beschließe, noch zu einer Freundin zu fahren.

UNSER ALLTAG VIER JAHRE SPÄTER

Tim ist nun 4,5 Jahre, Moritz 6 Jahre, Sarah 9 Jahre, Jakob 11 Jahre, Benjamin 13 Jahre, Laura 16 Jahre und Lukas fast 18 Jahre. Er und seine Freundin Sophie wohnen zur Hälfte bei uns und zur anderen Hälfte bei ihren Eltern.

6:20 Der Wecker von Laura läutet. Sie steht auf, macht sich Frühstück und Jause für die Schule und verschwindet im Bad.

6:40 Jetzt stehe auch ich auf, plaudere kurz mit Laura. Lukas und Sophie machen sich für die Schule fertig.

6:50 Laura fährt mit dem Rad zum Bahnhof. Ihr ist es wichtig, früher in der Schule zu sein, daher fährt sie einen Zug eher als Lukas, obwohl beide in dieselbe Schule gehen.

7:00 Sophie und Lukas machen sich auch auf den Weg zum Bahnhof. Zwei Minuten Ruhe, bevor ich die anderen Kinder aufwecke. Ich bin im Bad, dann beginne ich, das Frühstück herzurichten und Jausenweckerl vorzubereiten.

7:10 Benjamin sitzt am Frühstückstisch und wir besprechen den Plan für den Nachmittag, Sarah und Jakob sind im Bad. Der letzte Kornspitz wird belegt, dann wecke ich Tim und Moritz.

7:30 Benjamin, Jakob und Sarah sind fertig mit dem Frühstück und machen sich bereit für die Schule. Moritz und Tim sitzen gerade am Frühstückstisch. Tim möchte sich Haferflocken anrösten, Moritz ist noch zu müde, um zu entscheiden, was er essen will.

7:40 Die drei „Mittleren" verlassen das Haus. Moritz und Tim sind mit dem Essen fertig, wir gehen anziehen und Zähne putzen.

8:10 Nach mehrmaligem Prüfen, wie warm das Wetter wirklich ist, sind wir startklar für die Waldkinder, steigen auf unsere Räder und fahren los.

8:25 Wir kommen beim Waldkindergarten an, Tim ist gleich mit seinen Freunden unterwegs, Moritz hält fest meine Hand. Er möchte, dass ich ihn noch ein Stück begleite. Nach einem gemeinsamen Lied marschieren wir durch die blühenden Obstbäume auf eine Wiese. Dort wird erste Pause gemacht, Moritz beginnt mit Emma, seiner besten Freundin, zu spielen. Nach kurzer Zeit meint er, ich dürfe nun gehen.

9:00 Ich bin wieder zu Hause, alleine. Diese Ruhe und die Tatsache, im eigenen Tempo etwas tun zu können, sind einfach himmlisch. Auf mich wartet heute ein Bürovormittag.

12:20 Ich radle zu den Waldkindern, um Moritz und Tim abzuholen. Tim möchte zu einem Freund, Moritz geht mit mir mit. Wir düsen die Straße entlang und kommen nach Hause.

13:00 Die Nachmittagsplanung beginnt. Jakob hat Gitarre, Sarah ist mit ihren Freundinnen unterwegs, Laura möchte heute Abend unbedingt Sushi-Maki machen und braucht noch Nori-Blätter. Mit Benjamin bin ich beim Zahnarzt. Und in die Bücherei sollten wir auch gehen. Ich durchdenke unsere Runde.

13:30 Moritz und ich sind im Garten, säen Karotten und Co. aus. Wir versorgen Hasen und Hühner mit frischem Wasser und Futter und sammeln Eier ein. Benjamin kommt nach Hause. Er hat überhaupt keine Lust auf Zahnarzt und ist ziemlich angefressen. Alle Freunde sind gemeinsam unterwegs, nur er kann nicht.

14:30 Benjamin, Moritz und ich starten unsere Nachmittagstour. Erste Station Zahnarzt, nach 20 Minuten sind wir wieder draußen, alles in Ordnung. „Das hätte ich mir ja sparen können", mault Benjamin. Wir gehen einkaufen, in die Bücherei, holen Jakob von der Gitarrenstunde, Tim und Sarah von ihren Freunden ab.

16:30 Wir sitzen alle im Auto, es ist herrlicher Sonnenschein und schon echt warm. Wie wäre es mit einem kurzen Bad im Altarm? Es ist magisch, wir haben den ganze See für uns alleine, die Kinder paddeln auf von Bibern gefällten Baumstämmen im Wasser, ich genieße die Sonne.

18:00 Laura ruft an, wo wir denn seien, sie möchte das Essen nun fertig kochen. Ach ja, die Nori-Blätter! Wir packen zusammen und zischen – am Supermarkt vorbei – nach Hause.

18:30 Laura bereitet das Essen zu, ich mache eine Runde Hausarbeit. Sarah und Tim sind in ihrem Spiel in Streit geraten, also setzen wir uns zusammen, besprechen und klären. Lukas und Sophie kommen nach Hause.

19:00 Erwin kommt nach Hause, es gibt Abendessen zu zehnt am Tisch. Anschließend gibt es das alljährliche Maikäfer-Fangen und Trampolinspringen, bis die Fledermäuse schon ihre Runden ziehen. Während alle spielen, mache ich mit Laura ihre Aufgaben. Erwin räumt die Küche auf.

20:00 Schon wieder so spät. Ich bringe Tim und Moritz ins Bett, wir lesen und kuscheln uns aneinander, während Erwin bei Jakob, Benjamin und Sarah ist.

20:30 Die beiden schlafen, ich schaue zu Sarah und Jakob. Sarah erzählt mir von einem Streit mit ihren Freundinnen. Sie möchte morgen zu Hause bleiben. Dann kuschelt sie sich ins Bett und schläft ein. Jakob liest noch und Benjamin auch.

21:00 Licht aus bei Jakob und Benjamin. Ich koche mir einen Tee. Lukas, Sophie und Laura kommen, um sich die Jause für den nächsten Tag zu kochen. Wir stehen in der Küche und quatschen. Plötzlich ist es ...

22:00 Die drei gehen schlafen und ich möchte noch lesen.

GLÜCKLICH LEBEN OHNE TEUFELSKREIS

Wir leben zur Zeit einer großen und sehr schnellen Veränderung auf allen Ebenen. Einige sprechen sogar davon, dass ein neues Zeitalter anbricht.

Was unsere Kinder konkret als Werkzeuge in ihrem Leben brauchen werden, können wir jetzt wohl nicht sagen – außer, dass wichtig ist, mit sich verbunden zu sein und dies auch zu bleiben. So können unsere Kinder authentisch bleiben und Empathie sowohl sich selbst als auch ihren Mitmenschen und der Natur gegenüber leben. Sie sind meine Hoffnungsträger, dass etwas mehr Frieden in die Welt kommt. Dass Menschen es schaffen, ihre Schmerzen zu äußern, gehört zu werden und dadurch geheilt zu werden. ihre Bedürfnisse auszusprechen, um gemeinsam Wege zu finden, dass für alle gut gesorgt ist.

Der Frieden, den ich mir für die Welt wünsche, beginnt bei uns zu Hause im täglichen Miteinander. Obwohl ich manchmal ganz unruhig werde, weil so viel getan werden muss nach meiner Ansicht, merke ich immer wieder, wie wichtig es ist, schrittweise vom innersten Punkt des persönlichen Kreises seine Runden in seinem nahen Umfeld zu ziehen, um hier innere wie äußere Konflikte anzusehen und zu lösen.

Wenn ich Jugendliche in meinem Umkreis beobachte, die großteils in Alternativschulen waren, so merke ich, dass sie sehr achtsam und vorsichtig miteinander sind, lange Gespräche miteinander führen und sich austauschen. Auch die Tiefe dieser persönlichen Gespräche ist eine andere als mittels SMS oder Messenger. Stundenlang sind die Jugendlichen hier gemeinsam mit dem Fahrrad unterwegs, hängen bei einem der Freunde ab oder gehen eine Strecke zu Fuß, anstatt den Zug zu nehmen.

Doch dann gibt es auch eine andere Seite, die mich weniger hoffnungsfroh stimmt. Durch unser Leben abseits des normalen Weges sehe ich viele problematische Entwicklungen in unserer Gesellschaft aus der Distanz. Es fehlt mir in unserer Welt immer mehr der natürliche Lauf der Dinge, nämlich die Freiheit, so zu sein, wie man ist. Dazu gehört das leistungsfreie Spiel, ohne daran zu denken, welche wichtigen Fähigkeiten das Kind nun gerade lernt. Ein Leben mit weniger Leistungsdruck.

Viele Familien stecken in einem Teufelskreis: Die Lebenshaltungskosten sind hoch. So hoch, dass das Hauptaugenmerk auf dem Geldverdienen liegen muss. Meist mit einer Arbeit, die gar nicht wirklich Freude macht, sondern nur um des Geldes willen getan wird. Wegen dieser vielen Arbeit ist zu wenig Zeit für jene Sachen, die einem wirklich Freude machen.

„Und dann muss ich mir etwas Gutes gönnen, um mich dafür zu belohnen, dass ich den Tag überstanden habe. Einmal shoppen gehen, ein Gläschen Wein oder ein Bier. Was auch immer. Ach ja, und dann gibt es ja da auch noch meine Kinder, für die habe ich leider auch keine Zeit. Damit sie nicht traurig sind und ich keine schlechte Mutter bin, bringe ich ihnen Süßigkeiten mit, lasse sie lange Fernsehen. Oder ich schenke ihnen den neuesten Schnickschnack, der in der Werbung zwischen den Filmen immer beworben wird. Und das kostet alles. Und dafür muss ich noch mehr arbeiten. Und dann habe ich noch weniger Zeit für mich und noch weniger Zeit für meine Kinder." – So kann das doch nicht weitergehen! Wo sind all die Gehirne, die merken müssen, dass das ein Wahnsinn ist?

Wie werden diese konsum- und medienbetäubten Kinder wohl in 15 Jahren sein? Hat jemals jemand in ihre Augen geschaut und sie gespiegelt? Wie sieht dann diese Gesellschaft aus, in der Menschen leben, die keine Beziehung aufbauen können?

Das alles ist weit weg von jeglichem Erkennen, was unsere Kinder und wir selbst wirklich wollen und brauchen. Wir sollten daher genau hinhören: Was brauche ich wirklich? Was braucht mein Kind wirklich, wenn es mich anjammert, unzufrieden ist oder lustlos?

Ich hoffe, dass es in absehbarer Zeit ein friedliches Miteinander auf Erden gibt. Mein Ziel wäre: Jeder hat das, was er braucht, und ist in seinem Menschsein gesehen und wertgeschätzt.

„Das alles klingt ja schön und gut, aber …" – Hier gleich noch einmal ein Tipp der Gewaltfreien Kommunikation: Verbannen wir das Wort „aber", das bewirkt nämlich, dass alles davor Gesagte weggeschoben oder abgewertet wird, und ersetzen es durch ein „und gleichzeitig". Also: „Das klingt ja alles schön und gut, und gleichzeitig … ist es doch einfacher, in meinem jetzigen Leben mit den Ersatzbefriedigungen zu bleiben?"

Oder „… und gleichzeitig weiß ich nicht, wie ich anfangen soll?"

Ganz einfach, indem ich das nächste Mal wirklich frage, was jemand braucht!

Die Erde wird so bald nicht untergehen, doch wir werden nicht mehr ewig auf ihr leben können. Deshalb wäre es sinnvoll, bewusster mit uns umzugehen.

Das bedeutet aus meiner Sicht: Weniger Konsumwahn, keine Ersatzbefriedigungen, dafür echten Kontakt leben und wirkliche Bedürfnisse befriedigen – das könnte die Welt retten.

Übung für den Alltag

Wie möchte ich wirklich leben?

Wann „gönne" ich mir etwas, obwohl ich eigentlich etwas ganz anderes bräuchte – und was bräuchte ich wirklich?

Wann gebe ich meinem Kind eine Ersatzbefriedigung, weil ich ihm sein eigentliches Bedürfnis nicht erfüllen kann und mir schwer tue, diesen Schmerz auszuhalten oder wahrzuhaben?

VON DER URLI BIS ZUM BABY – ALLE UNTER EINEN HUT?

In den letzten Jahren war ich oft in Situationen, in denen ich hochmotiviert und zutiefst überzeugt war, mit meinen Kindern neue Wege zu gehen – dann zugleich kam aus der weiteren Familie großes Erstaunen bis hin zu deutlicher Empörung.

Man fragte mich: „Wie kannst du es nur wagen, … zu machen?"

Viele Strukturen und Gewohnheiten werden von einer Generation zur nächsten weitergegeben. Teilweise werden sie etwas angepasst, aber die Richtung bleibt. In unserer Zeit ist ein starker Wandel spürbar, weg von einer vorgegebenen Autorität, hin zu Beziehungsaufbau, irgendwo zwischen einem früheren Laissez-faire-Stil und Helikopter-Eltern. Es geht hin zu einem Weg des Miteinanders und zu individuellen Lösungen.

Bestimmt sind auch unsere Überzeugungen nicht der Weisheit letzter Schluss. Die nächste Generation an Eltern wird wahrscheinlich und hoffentlich den nächsten Schritt wagen und wieder neue Wege gehen.

Ich sehe sowohl in der Entwicklung der Menschheit einen Fortschritt und Wachstum als auch eine Evolution in der eigenen Familie. Wurde der Urgroßvater noch geschlagen, so hat der Großvater nur noch in der Ecke stehen müssen, der Vater bekam ab und an eine Rüge und der Sohn kann heute Probleme oder Missgeschicke mit seinem Vater ganz offen besprechen. Daher finde ich es immer wichtig, bei generationenübergreifenden Themen die Geschichte der eigenen Familie mit hineinzunehmen, sie zu verstehen und die Fortschritte von einer Generation zur nächsten wahrzunehmen und wertzuschätzen.

Oft haben wir uns wahrscheinlich gedacht: „Wenn ich Mama oder Papa bin, dann werde ich das ganz anders machen." Und das tun wir nun wohl auch, und stoßen damit immer wieder unsere Eltern oder die Generation unserer Eltern und Großeltern vor den Kopf.

Unsere Eltern haben nach bestem Wissen und Gewissen gehandelt, wollten für uns das Beste und das haben sie auch gegeben. Sie waren ein Kind oder – besser gesagt – ein Elternteil ihrer Zeit.

Und wir sind ein Kind unserer Zeit, lösen uns von alten Vorstellungen und erkunden neue. Dazu gehört, dass zum Beispiel Religion einen anderen Stellenwert einnimmt als bei unseren Eltern, dass wir die Meinung unseres Kindes mehr zählen lassen, als wir das in unserer Kindheit erlebt haben.

Dies stößt bei unseren Eltern vielleicht auf Unverständnis oder Ärger. Werte, die sie sich hart erarbeitet haben, werden nun als schlecht hingestellt. Vielleicht empfinden sie unser Verhalten sogar als einen Rückschritt hin zu Werten, die von den Großeltern noch hochgehalten, von unseren Eltern aber bekämpft wurden. Die Eltern sehen sich in ihrem Tun dadurch oft kritisiert.

Wir wünschen uns lediglich Unterstützung, denn wir betreten ein Neuland, sind unsicher, ob der Weg, den wir da mit unserem Kind einschlagen, der richtige ist. Hinter uns liegt ein Berg an eigener Geschichte, den wir zurücklassen. Wir sind gefordert, teilweise auch überfordert und auf der Suche nach Rückenstärkung. Die finden wir in der Partnerschaft, bei

Freunden und anderen gleichaltrigen Eltern. Doch gerne hätten wir Bewunderung von unseren Eltern und Anerkennung für den Fortschritt, den wir ermöglichen.

Den bekommen wir allerdings nicht immer, zumindest nicht von unseren Vorfahren, von denen wir ihn so gerne hätten. Oft gibt es eher ein Kopfschütteln, Kritik, oder einen solchen Satz: „Du wirst schon sehen: Bei dir/meinem ersten Kind hatte ich mir auch vorgenommen, dass ich niemals … machen werde. Dieser Glaube hat gerade ein paar Tage/Monate/Jahre gehalten."

ALTE WUNDEN, NEUES VERHALTEN

Der liebevolle Umgang mit unseren Kindern heute, das Kind-im-Zentrum bei vielen Familien, löst oft auch Schmerz aus. Wie schön wäre es für unsere Eltern gewesen, ebenso liebevoll umsorgt worden zu sein, anstatt stundenlang weinend liegengelassen zu werden? Wie toll wäre es gewesen, wenn sie hätten sagen können, dass das Essen nicht schmeckt, anstatt stumm den Teller leeressen zu müssen?

Unser Verhalten mit unseren Kindern rührt immer wieder an alte Wunden und reißt Verletzungen auf. Diese können ein Stück heilen, wenn der Raum dafür geöffnet wird, dass das Erlebte besprochen und verarbeitet wird.

Unser engster „Generationenkontakt" bestand zu einer Nachbarin, die so etwas wie eine „Wahloma" für unsere Kinder geworden war. Sie wohnte um die Ecke und in den Ferien verbrachten Lukas und Laura die Vormittage gerne bei ihr. Da sie selbst keine Kinder hatte, freute sie sich immer über den Besuch und gab ihnen all das, was sie als Kind wohl gerne selbst gehabt hätte. Sie war während des Zweiten Weltkrieges geboren und musste alles entbehren.

Meine Kinder wollte sie daher verwöhnen: Die zwei bekamen zu ihrer großen Freude alle nur erdenklichen Arten von Süßigkeiten und durften vormittags fernsehen, was bei uns ein völliges Tabu war. Was da geschah, widerstrebte völlig meinen Einstellungen und Werten. Doch ich merkte, dass die Nachbarin dabei sehr aufblühte – und das hatte einen eigenen

Wert. Jede Woche erzählte sie mir ihre Geschichte. Schließlich kam ich zu der Überzeugung, es sei für Lukas und Laura besser, hin und wieder Gummibärchen zu essen und dafür Kontakt zu dieser Dame der älteren Generation zu haben als umgekehrt. Dies war mein Schritt des Dehnens.

Kurze Zeit später kam sie zu uns zu Besuch und wollte, dass Benjamin sich zu ihr setzt und ihr einen Kuss auf die Wange gibt. Benjamin, der sie nicht gut kannte, sträubte sich mit seinen anderthalb Jahren. Für ihn war diese Person ziemlich fremd, und so viel Nähe war ihm zu viel. Unsere Wahloma verstand das gar nicht. Ich begann, ihr zu erzählen, dass es mir wichtig ist, dass die Kinder nur das machen, was für sie stimmig ist. Ich würde sie nicht dazu zwingen, jemand Fremden zu umarmen.

„Aber ich bin doch gar nicht fremd ...", entgegnete sie. „Benjamin hat Sie bis jetzt zweimal bei uns gesehen, ansonsten ist er Ihnen noch nicht oft begegnet", erklärte ich. „Naja, so schlimm ist das ja nicht, ich mag nur mal ein kleines Busserl haben. Was bist du denn für ein unartiges Kind?!", erboste sie sich. „Sie hätten gerne, dass er freundlich zu Ihnen ist?" – „Ja." – „Und ich kann mir vorstellen, dass das früher, als Sie klein waren, gar nicht ging, nicht höflich zu grüßen oder so." – „Nein, wo kämen wir denn da hin. Das ist ganz wichtig, immer höflich zu sein. Na, komm doch her, du Kleiner."

Benjamin verkroch sich noch weiter. „Wissen Sie, welche Erfahrung ich gemacht habe? Benjamin braucht Zeit, um jemanden kennen zu lernen, und er bekommt ja auch mit, wie Lukas und Laura in der Früh zu Ihnen gehen und ist da schon sehr neugierig, wo sie immer sind. Vielleicht möchte er einmal mit ihnen mitkommen? Oder Sie kommen öfters auf eine Tasse Tee zu uns und spielen ein wenig mit ihm?"

In den nächsten Tagen schaute Benjamin immer wieder einmal bei unserer Wahloma vorbei – mit mir oder auch mit den beiden Geschwistern. Er hat dort mit den anderen Kakao getrunken und sie haben versucht, ihm Schnipp-Schnapp beizubringen. Noch war er mit Abstand und Vorsicht bei ihr. Irgendwann hat er unsere Wahloma dann bei der Hand genommen, sie zum Tisch geführt, sie auf den Sessel setzen lassen und ist dann auf ihren Schoß geklettert. Es war seine Art, ihr zu sagen, dass er mit ihr spielen will. Und wie sie sich gefreut hat, dass Benjamin nun von sich aus den Kontakt zu ihr gesucht hat!

Als ich die Drei mittags abgeholt habe, hat sie mir freudestrahlend erzählt: „Heute ist Benjamin zu mir gekommen. Er hat mich zum Tisch geführt, damit er auf meinem Schoß sitzen und mit mir Karten spielen kann. Busserl habe ich zwar noch keines bekommen, aber jetzt hab' ich gemerkt, dass er mich mag." Nicht noch einmal hat sie nach einem Kuss gefragt oder ihn bedrängt, und immer mehr sind die beiden zu zwei echten Vertrauten geworden.

Als Benjamin mit fünf Jahren im Spital war, hat sie ihn oft besucht. Sie war eine der Ersten, für die er, als er wieder zu Hause war, einen Kuchen buk. Ich weiß nicht, ob ihr ganz bewusst war, dass diese Nähe durch das Zeitlassen und das Eingehen auf ihn erst möglich war, und trotzdem war es so und die beiden hatten eine wundervolle Verbindung.

Eine große Diskussion hatte ich mit meiner eigenen Großmutter, als wir uns dazu entschlossen, unsere Kinder nicht taufen zu lassen. Wir wollten, dass sie selbst entscheiden, ob sie das tun wollen, und wenn ja, welcher Konfession sie angehören wollen. Sie sollten jenen Zeitpunkt bestimmen, der für sie passte.

 *Als überzeugte Katholikin war dies für meine Oma einfach unpassend. Zu jedem Anlass fragte sie mich: „Aber vom lieben Herrgott erzählst du den Kindern schon?!" Und ich sagte immer: „Ich erzähle ihnen von meinem Gott und du kannst ihnen gerne von deinem Gott erzählen." Dann begann sie, sich darüber zu beschweren, dass es unpassend sei, Weihnachten zu feiern und nichts von Jesus zu wissen. Da musste ich ihr Recht geben und wollte also nicht mehr Weihnachten feiern. Mit dieser Reaktion hatte sie wohl nicht gerechnet und war sehr erbost.*

Bei uns zu Hause war das nun zu einem großen Diskussionspunkt geworden: Wie können wir alte Traditionen weiterführen? Können wir das überhaupt? Was ist der Inhalt, der Wert eines bestimmten Festes? Wollen wir diesen feiern? Und wie kann man das mit der GFK-Brille betrachten?

 *Die Bedürfnisse meiner Großmutter waren: Glaube, Verbundenheit, Tradition (und Weiterleben der Tradition), Spiritualität*

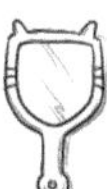 *Die Bedürfnisse von mir waren: authentisches Feiern und Ehrlichkeit, Spiritualität, Freude und Offenheit*

Wir beide hatten das Bedürfnis nach Spiritualität, das uns verband. Darüber konnten wir uns austauschen. Ihre „Strategie" war dazu der katholische Glaube, meine noch ein Suchen, eine Verbundenheit mit verschiedenen Religionen.

Als gemeinsame „Strategie" oder Lösung einigten wir uns darauf, dass wir die christlichen Feste gemeinsam feiern würden und ich dazu nichts vorbereiten musste. Mir war wichtig, dass die Idee hinter dem Fest gut sichtbar wäre und alle offen wären, darüber zu diskutieren. Zu Ostern etwa sollten wir uns alle fragen dürfen: Gibt es ein Leben nach dem Tod? Wie sieht es aus? ...

BEDÜRFNISSE ARTIKULIEREN

Eine weitere gesellschaftliche Veränderung, die in den letzten Jahren immer mehr Raum einnimmt, ist – neben dem Ausdruck von Gefühlen – das klare Artikulieren von Bedürfnissen. Dies ist eine wahrliche Errungenschaft.

Ich kann mich noch gut daran erinnern, wie unangenehm es meiner Mutter war, wenn ich jemandem klar sagte, was ich wollte, beispielsweise zu einer Freundin zu Besuch zu kommen. Das war in den Augen meiner Mutter einfach frech. Ich könne fragen, ob wir uns treffen wollen, ob sie zu mir kommen möchte, doch mich selbst einzuladen, das sei unmöglich. Genauso unpassend sei es, zu sagen, was man sich als Geschenk wünscht oder dass ich mich über ein bestimmtes Geschenk nicht freue. Und als ich beschlossen hatte, vegetarisch zu leben, ernährte ich mich jahrelang von „Beilagen und Butterbrot", da meine Familie mein Bedürfnis zum einen nicht wahrnahm, es zum anderen für ungesund und unverständlich hielt und außerdem keine Offenheit für die notwendigen Veränderungen in meiner Bewirtung zeigte.

Heute hat sich das stark gewandelt und wir machen dank der Gewaltfreien Kommunikation – und den „Zauberbüchern Familienfrieden" – die Erfahrung, dass das Annehmen der Bedürfnisse unserer Kinder und das Spiegeln derselben unser Zusammenleben mit ihnen leichter macht. Sie werden gehört und wahrgenommen. Auf dieser Basis kann eine Diskussion entstehen, was ja nicht bedeutet, dass jedes Bedürfnis erfüllt wird. Für jene Menschen in unserem Umfeld, die das selbst nicht erlebt haben, ist dies oft schmerzvoll. Sie sehen unsere Kinder als unverschämt an, halten uns vor, wir ließen uns von den Kindern an der Nase herumführen und seien nur nachgiebig. Und unsere Kinder seien ungezogene Fratzen.

Mir geht es hier darum, den Schmerz zu sehen, den unser Verhalten bei jemand anderem auslöst. Dies können wir mit der GFK begleiten:

„Ich merke, dass es dich irritiert, wenn Tim sagt, dass er statt dem von mir gekochten Essen lieber Nudeln haben möchte und ich das wiederhole?" „Ja klar, du hast gekocht, und nun beschwert er sich und will was Anderes, das geht doch nicht. Der kann froh sein, dass er überhaupt etwas zu essen bekommt!"

„Ah, du möchtest haben, dass er mein Kochen wertschätzt, die Zeit und Energie, die ich da investiert habe, und auch das Geld, das das Ganze gekostet hat. Und als Du ein Kind warst, da gab es solche Freiheiten nicht, da war das Essen wohl auch knapp ..." „Ja, wir aßen, was auf den Tisch kam. Und wir hatten aufzuessen, da gab es keine Diskussion."

„Und wie war das für dich?" „Naja, gestorben bin ich nicht davon. Manchmal war es echt schlimm, diese Fettschwarten essen zu müssen. Und mein Vater war so froh, dass wir wenigstens einmal in der Woche Fleisch hatten. Aber ich mochte das gar nicht."

„Ah, du musstest etwas essen, was dir nicht geschmeckt hat und durftest es nicht sagen!" „Ja, so war das bei uns." „Ich verstehe. Und, ging es dir gut damit?" „Nein, ich hätte mir auch gerne Nudeln gekocht. Aber wenn ich das nur einmal gewagt hätte ..."

„Was wäre dann gewesen?" „Dann hätte ich entweder Prügel bekommen oder die nächsten Tage nicht am Tisch essen dürfen. Oh, wie sehr ich das hasste, dieses Essenmüssen."

Tim hat sich inzwischen Nudeln geholt und steht mit zwei Tellern bei uns, einen für sich und einen für Oma.

„Schau Oma, jetzt kannst du das essen, was DU willst!"

AUS ALTEN FAHRWASSERN AUSSTEIGEN

Das klingt nun alles sehr einfach, doch ein Aspekt ist dabei noch nicht beachtet worden:

Mit unseren Eltern, Geschwistern, Großeltern, Tanten und Onkeln verbindet uns schon eine lange Zeit, und für unsere Kommunikationswege sind schon eingefahrene Muster entstanden – oft so tiefe Spurrinnen, dass es schwer ist, die Spur zu verlassen. Bildlich gesprochen kann da bei einem „Gewitter" schon einmal Aquaplaning-Gefahr bestehen, weil das Wasser in diesen Rinnen stehenbleibt.

Seit vielen Jahren gibt es also eingeübte Sätze oder Gesten, die automatisiert aufeinanderfolgen. Wir wissen schon: Wenn wir ein bestimmtes Thema ansprechen oder unsere Meinung zu etwas äußern, dann kommt diese eine bestimmte Antwort von unserer Mutter, und Onkel Paul sagt dann immer: „Des woar scho imma so, des wirst du jetzt net ändern."

Das macht es so schwer, uns aufzumachen zu neuen Ufern, dabei aber mit unseren „alten Vertrauten" weiterhin gut in Kontakt zu bleiben. Wir kommen in „Und ewig (nicht nur täglich) grüßt das Murmeltier"- Situationen, diesmal nicht mit unseren Kindern bei den Süßigkeiten im Supermarkt, sondern mit unseren Eltern und Geschwistern.

Wir können sie zwar nicht ändern, allerdings können wir UNS ändern und mit viel Aufwand manchmal diese Spurrinnen verlassen, indem wir anders reagieren als bisher. Es braucht von unserer Seite Ansätze von „provokativem Verhalten". Und da uns diese Situationen ja bekannt sind, können wir sie gut im Vorhinein üben, um beim nächsten Mal anders zu reagieren und so auch die anderen aus ihrer Spurrinne bringen.

Wenn Onkel Paul immer der Vertreter der „Es darf sich nichts ändern"- Partei ist, dann können wir beispielsweise seine Position übernehmen. Möchte jemand oder gar er selbst etwas anders, dann entgegnen wir ihm mit seinem Standardsatz: „Des woar scho imma so!" Ziel ist es nicht, den anderen zu ärgern, sondern ihm zu zeigen, wie es uns mit seiner Haltung geht, um darüber ins Gespräch zu kommen.

Es gibt auch Aussagen, die einen selbst sehr bewegen. Dann gilt es, dies einmal anzusprechen.

 Eine meiner Tanten sagte immer: „Ja, ja, ich hab's ja eh gewusst, alt werden ist nicht lustig." Als sie wieder einmal jammerte, wie schlimm es sei, alt zu sein, fragte ich sie: „Du sagst diesen Satz jedes Mal, wenn ich dich sehe, und ich merke, dass du gerade ziemlich mit deiner Gesundheit kämpfst und es nicht leicht für dich ist. Mich bewegt dieser Satz. Möchtest du hören, was er mit mir macht?" – Das wollte sie. „Jedes Mal, wenn ich höre, dass du es nicht mehr lustig hast, weil du alt bist, denke ich mir: Oh mein Gott, wie gerne hätte ich, dass meine Mutter so alt geworden wäre. Und wie gerne wäre sie wohl so alt geworden, wie du nun bist, mit all den Gebrechlichkeiten, die das Alter wohl mit sich bringt. Was für ein Geschenk, dass du deine Enkelkinder erleben kannst, dass du das Leben deiner Kinder begleiten kannst. Und wie gerne hätte ich, dass meine Mutter mich und meine Geschwister begleitet hätte und alle ihre Enkelkinder erlebt hätte. So geht es mir", sagte ich und weinte. Meine Tante sah mich schweigend an. Nie wieder hat sie sich in meiner Gegenwart darüber beklagt, wie schwer es ist, alt zu sein.

Oder es gilt, „einfach nur" anders zu reagieren. Nicht mehr das kleine brave Kind zu sein, das bei Tisch sitzt und alles mit sich geschehen lässt, sondern aufzustehen und das Haus zu verlassen, wenn jemand beginnt, wieder in der alten Leier zu kritisieren.

Es geht darum, für sich selbst gut sorgen.

Oft sind es auch Sätze, die eine Person immer wieder sagt, die sie wohl nicht ernst meint, die vielleicht aber einmal ernst genommen werden sollten. Da braucht es auch ein Stück weit Überwindung und Erwachsenwerden.

 Eine Freundin von mir hatte ihre Mutter wöchentlich zum Kinderbetreuen bei sich. Ihre Mutter regte sich ständig darüber auf, wie schmutzig es im Haus sei, und dass sie die Kinder nicht betreuen könne, weil sie dauernd etwas reinigen müsse. Meine Freundin machte sich einen ziemlichen Stress damit und begann, die Wohnung vor jedem Besuch der Mutter besonders gründlich nochmals zu putzen. Doch immer fand ihre Mutter etwas auszusetzen.

Nach einem klärenden Gespräch kam sie zu dem Schluss, dass sie aus dieser Situation aussteigen muss. Ihre Mutter konnte sie nicht ändern, nur sich selbst. So erklärte sie ihrer Mutter: „Vielen Dank für deine Hilfe, ab nächster Woche musst du nicht mehr kommen, um auf die Kinder zu schauen. Ich habe mir mit einer Freundin einen Deal ausgemacht, dass wir uns ab nun dabei abwechseln. Falls es dir ein Bedürfnis ist, meine Wohnung zu putzen, kannst du dazu gerne vorbeikommen."

Die Mutter meiner Freundin war sprachlos. So habe sie das gar nicht gemeint, entgegnete sie, denn sie wolle doch Zeit mit ihren Enkelkindern verbringen. Beide machten sich daraufhin aus, dass die Kinder alle 14 Tage von der Mutter meiner Freundin abgeholt würden und dann bei ihr zu Hause wären, wodurch sie keinen Einblick mehr in das vermeintliche Chaos ihrer Tochter hatte.

UND MANCHMAL GEHT ES GAR NICHT ZUSAMMEN

Es gibt auch Situationen oder Konstellationen, in denen es keine Lösung gibt. Manchmal sind die Wunden so tief, dass selbst nach vielen Jahren die alten Verletzungen immer wieder aufreißen und nicht verheilen.

In einem Seminar hatte ich eine Teilnehmerin, Anke, deren großes Bemühen es war, ihre Erziehung nicht immer vor ihrer Mutter rechtfertigen zu müssen. Sie selbst hatte eine „karge" Kindheit gehabt, wie sie es nannte, nur mit dem Nötigsten versorgt. Liebe und Geborgenheit hatte sie von ihrer Mutter vermisst, ihr Vater war wenig zu Hause und schon früh verstorben. Er war es gewesen, der ihr Geborgenheit gegeben hatte und mit dem sie schöne Zeiten in der Kindheit verbracht hatte.

Nun war ihre Tochter Lilli drei Jahre alt und die Zusammentreffen mit ihrer Mutter endeten meist in einem abrupten Abbruch. Sobald Lilli die Oma fragte, ob sie etwas haben könne – etwas zum Trinken, zum Essen, auf einen anderen Spielplatz gehen –, begann die Großmutter, sich aufzuregen: „Sei nicht so undankbar. Nun sind wir hier, du hast gerade etwas zu essen bekommen, ... und dauernd musst du um etwas betteln."

Die Mutter versuchte, Lilli zu beschwichtigen, sie solle kurz warten, doch ihre Tochter hatte eben gerade jetzt Hunger oder Durst und ließ sich nicht „schnell mal beruhigen". Wenn sie Lilli das gab, was die Kleine wollte, dann beschwerte sich ihre Mutter: „Wie sehr du das Kind verziehst! Die wird dir noch die Haare vom Kopf essen! Ich habe dich nie so verzogen, und schau, was für eine tüchtige Frau du geworden bist." – „Ich habe mir alles alleine erkämpft, und das war kein leichter Weg für mich. Und ich hätte mir sehr gewünscht, dass du *mich manchmal mehr unterstützt hättest." – „Und hat dir das geschadet? Ich denke nicht",* *entgegnete ihre Mutter. Mit Tränen in den Augen verließ Anke jedes Mal nach so einem Satz das Zusammensein mit ihrer Mutter.*

Anke machte im Seminar eine Reise durch ihre Kindheit und Jugendzeit und erkannte, wie sehr sie sich Unterstützung und Nähe von und mit ihrer Mutter gewünscht und gebraucht hätte. Die hatte sie von ihr nicht bekommen und das hatte ihr viel Schmerz bereitet und schmerzte sie auch heute noch. Viele Tränen mussten da geweint werden.

Zugleich konnte sie auch sehen, von wem dieses Bedürfnis gestillt wurde: von ihrem Mann, von Freunden und von ihrer Tochter, deren Nähe sie genoss. Es war ihr wichtig, ihrer Tochter mit mehr Wärme und Geborgenheit zu begegnen.

Nachdem sie ihren Schmerz angesehen hatte, konnte Anke einen Blick auf das Leben ihrer Mutter werfen. Aus Erzählungen wusste sie, dass ihre Mutter ein ungewolltes Kind war, das nur als mühsam und unnötig angesehen worden war. Unterstützung hatte sie keine bekommen, sie wurde im Vergleich zu ihren Geschwistern benachteiligt.

Anke konnte den Schmerz ihrer Mutter erkennen und zugleich auch, wie groß und tief diese Wunde noch immer war. Sie konnte sich vorstellen, dass Situationen, in denen Lilli um etwas fragte und sie darauf einging, Salz in die Wunde sein mussten, da ihre Mutter nie auch nur ein Bedürfnis anmelden durfte und es auch nie erfüllt bekommen hatte. Sie erkannte auch, dass ihre Mutter es nicht schaffte, sich diesen Schmerz anzusehen oder aufzuarbeiten. Um sie war eine große Schutzmauer, die sie nicht durchbrechen konnte und wollte. Daher musste die Teilnehmerin für sich einen Weg finden, wie sie mit diesen beiden Tatsachen gut umgehen konnte: mit ihrer Mutter und deren Geschichte sowie mit ihrem eigenen Familienleben.

Ankes erster Versuch war, vor dem Treffen alle möglichen Bedürfnisse von Lilli zu erfüllen, damit diese nichts brauchte, wenn sie ihre Mutter träfen. Doch das funktionierte nicht lange.

Schließlich kam sie zu dem Schluss, ihre Mutter ohne Lilli zu treffen und dann ganz für sie da zu sein. An den Sonntagen, wo sie nun bei ihrer Mutter war, war Lilli mit ihrem Vater unterwegs. Manchmal holten sie dann Anke von ihrer Mutter ab, damit Lilli ein wenig ihre Oma sah, denn dies war Anke auch wichtig.

Ganz gemeinsame Zeit verbringen die drei nun nicht mehr miteinander. Anke hat es Schmerzen bereitet, von ihrem Bild des Zusammenseins mehrerer Generationen Abschied zu nehmen, zugleich erlebt sie, wie gut es ihr derzeit mit dieser Lösung geht.

Übung für den Alltag

Welche Evolution hat meine Familie erlebt? Und die meines/r Partners/in?

In welchen Situationen kommen Themen aus der Vergangenheit bei meinen Eltern oder Schwiegereltern ins Heute?

Wie kann ich das mit ihnen besprechen?

ZU GUTER LETZT

Aus der Sicht der Gewaltfreien Kommunikation und in der tiefen Überzeugung, dass jeder immer nach bestem Wissen und Gewissen handelt, ist es uns hoffentlich möglich, all unsere Erlebnisse, die wir als Kinder hatten, zumindest neutral zu betrachten. Und auch zu sehen, dass unser Verhalten unseren Kindern gegenüber ebenfalls nach bestem Wissen und Gewissen ist.

Es liegt an uns, unser Wissen zu vermehren und unser Repertoire an Achtsamkeit und Freundlichkeit zu vergrößern. Mit der Gewaltfreien Kommunikation haben wir sicher eine Möglichkeit, unser Leben lebensfroh, authentisch und wertschätzend zu erleben.

Ein Gedicht meines Großvaters erinnert an diese schöne Aufgabe.

Er war ein Kind seiner Zeit, ein „klassischer Vater, der die Erlebnisse des Zweiten Weltkrieges mitgebracht hatte, viel arbeitend und wenig präsent war", wie meine Großmutter einmal meinte. Gefühle zu zeigen, das war damals noch gar nicht salonfähig. Zugleich war da ganz viel Liebe für seine Kinder, die er so ausdrückte:

Der gerettete Traum

Liebe:
Ich empfing sie
aus Euren kleinen Händen,
aus kleinen Herzen,
die kaum erst schlagen.
Die Märchen
sind unsere Heimat,
und die Blumen,
die ihr mir bringt,
welken nie.
Denn Ihr seid
für immer
mein geretteter Traum.

© Max Kratochwill: „Der gerettete Traum". Gedichte.
Verlag Bibliothek der Provinz. Wien, 1995.
ISBN: 978-3-85252-071-1, www.bibliothekderprovinz.at

ANHANG

Übung macht den Meister! Nach den zahlreichen „Übungen für den Alltag" geht es nun in die Praxis.

Die folgenden musterhaften Abläufe bieten eine gute Grundlage für Möglichkeiten des Gesprächs im Stile der Gewaltfreien Kommunikation. Sie geben einen Leitfaden, wie Gespräche möglich sein können, in denen ich eine Bitte äußere, und präsentieren einen Weg, bis klar ist, ob mein Gegenüber mir meine Bitte erfüllt, ich meine Bitte abändere oder sie für weniger wichtig erachte als das Bedürfnis des anderen.

GESPRÄCHE MIT PERSONEN, DIE GUT ÜBER GEFÜHLE SPRECHEN KÖNNEN

Liebe/Lieber ....!

Ich sehe ....

Ich höre ....

Ich rieche ....

Ich spüre ....

Ich schmecke ....

Wenn ich da in mich hineinspüre, dann bin ich ....

Weil mir gerade wichtig ist, dass ich ....

Ich möchte jetzt ....

Kannst du mir sagen, was du gehört hast?

[Die Person wiederholt, was sie gehört hat.]

Danke für das Wiederholen. Das war, was ich meinte.

– Oder –

Danke für das Wiederholen, was mir noch wichtig ist, ist ....

[Person wiederholt wieder, solange, bis alles ganz gehört wurde.]

Kannst du mir sagen, wie das für dich ist, wie diese Idee für dich klingt?

[Person sagt, dass es für sie passt. Ende des Dialogs, meine Bitte wird erfüllt.]

[Person sagt, dass es unter einer bestimmten Bedingung passt.]

 Bedingung passt für mich:

Wenn ich das höre, dann bin ich .... Danke.

 Bedingung passt nicht für mich:

Wenn ich das höre, dann bin ich .... ,
weil mir .... wichtig ist. Und wenn ich
deine Bitte höre, dass du gerne ....
möchtest, dann erfüllt das mein Bedürfnis nach .... nicht.
Ist es möglich, dass .... ?

[Abwarten und hören, was der andere sagt. Letzten Schritt wiederholen, bis Klarheit ist.]

Wenn der andere diese Bitte erfüllen möchte, kann ich mich bedanken, Dialog ist beendet.

Wenn nicht, dann gibt es folgende Möglichkeiten:

 Ich finde für mich einen Weg, wie ich mit dem Nein des anderen umgehen kann und suche mir eine andere Strategie, um mein Bedürfnis zu erfüllen.

 Ich merke, dass mein Bedürfnis weniger wichtig ist als das Bedürfnis des anderen.

GESPRÄCHE MIT PERSONEN, DIE NICHT GUT ÜBER GEFÜHLE SPRECHEN KÖNNEN

Liebe/Lieber ....!

Ich sehe ....

Ich höre ....

Ich rieche ....

Ich spüre ....

Ich schmecke ....

Und zugleich merke ich, dass es mir wichtig ist, dass ....
passiert (oder dass ich .... machen kann oder
.... habe.)
Könntest du .... machen? Dann könnte ich gut
....

[Die/Der andere stimmt dem zu.]

Danke, das freut mich sehr, weil ich gerade .... bin
und mich das unterstützt, ... zu haben.

 [Die/Der andere stimmt dem nicht zu.]

Ah, du möchtest etwas anderes? Kannst du mir sagen, was und weshalb?

146

[Die andere Person sagt, was sie möchte und weshalb.]
Oh, ich verstehe. Dir ist .... wichtig, weil du
.... bist. Ist das so? Habe ich dich da richtig verstanden?

[Die andere Person bejaht oder verneint. Wenn verneint, nochmals nachfragen.]

Du meinst, du brauchst .... , weil du
.... bist?

[So lange durchspielen, bis die andere Person gehört ist.]

[Die ganzen Eindrücke zusammenfassen und, falls der Raum dazu ist, fragen, ob die andere
Person hören möchte, wie es einem damit geht:]

Ich höre, du bist .... , weil dir ....
wichtig ist. Das kann ich gut verstehen, weil du ....
Möchtest du hören, wie es mir damit geht, wenn ich das höre?

[Ja.]

Wenn ich höre, dass du .... bist, weil du
.... brauchst, dann macht mich das
.... , weil mir .... wichtig ist.
Und zugleich bin ich .... , weil mir ....
auch wichtig ist. Wie können wir da eine gemeinsame Lösung finden?

[Die andere Person bringt Lösungsvorschläge, gemeinsam besprechen, was möglich wäre.]

Ich sehe, dass du gerade ganz andere Themen/den Kopf bei einer anderen Sache
hast/keine Zeit hast .... und werde mir für mein Thema
eine andere Lösung alleine suchen.

Ich merke, dass mich dein Thema gerade mehr beschäftigt und mir wichtiger ist als
meines und würde da gerne mit dir weiter dranbleiben. Passt das für dich?

Notizen

LITERATUR

Bücher, die mich inspiriert haben und inspirieren:

- Bryson, Kelly: Sei nicht nett, sei echt! – *viele berührende Beispiele, persönlich und gesellschaftspolitisch, wie wir mit der GFK zu einer schöneren Welt beitragen können*
- Gaschler, Frank und Gundi: Ich will verstehen, was du wirklich brauchst – *GFK mit Kindern*
- Gribble, David: Schule im Aufbruch – *Ideen, wie Schule auch anders gehen kann*
- Gruen, Arno: Dem Leben entfremdet – *die Philosophie zur GFK, warum es so wichtig ist, zu fühlen, gerade heute*
- Gruen, Arno: Wider den Gehorsam – *mein Philosoph, der mir aus der Seele spricht*
- Gruen, Arno: Der Verrat am Selbst – *die GFK als Weg wieder zu sich selbst*
- Harrison, Steve: Das glückliche Kind – *für eine angstfreie Kindheit*
- Hüther, Gerald: Etwas mehr Hirn, bitte – *Wege finden, wie wir alle unser Potenzial leben können*
- Kabat-Zinn, Myla und Jon: Mit Kindern wachsen – *eines der inspirierendsten Elternbücher für mich*
- Lindgren, Astrid: Die Menschheit hat den Verstand verloren. Tagebücher 1939 – 1945 – *erschreckend, berührend und sehr aktuell*
- Lindgren, Astrid: Steine auf dem Küchenbord – *berührende Zitate und Gedichte*
- Louv, Richard: Das letzte Kind im Wald – *warum es so wichtig ist, dass unsere Kinder Freiräume in der Natur haben*
- Neufeld, Gordon: Unsere Kinder brauchen uns – *Bindungstheorie im Alltag, unheimlich spannend*
- Praschel, Heike: Weltenbummler – *irgendwann mache ich mich auch auf den Weg mit meinen Kindern*
- Rosenberg, Marshall B.: Lebendige Spiritualität – *mehr über die Philosophie und die Werte der GFK*
- Steenberg, Ulrich: Laß deinem Kind sein Geheimnis – *Ideen zum Umgang und zur Begleitung mit dem Glauben unserer Kinder*
- Tolle, Eckhart: Leben im Jetzt – *eine perfekte Ergänzung zur GFK*
- Ware, Bronnie: 5 Dinge, die Sterbende am meisten bereuen – *weil es genau darum geht: das Leben jetzt zu genießen und zu gestalten, so wie es für uns stimmig ist*
- Wild, Rebeca: Erziehung zum Sein – *Rebeca Wild beschreibt ihren Weg zur Gründung einer alternativen Schule in Ecuador*
- Wild, Rebeca: Sein zum Erziehen – *die Philosophie der Pädagogik von Rebeca Wild*
- Wild, Rebeca: Freiheit und Liebe – Grenzen und Respekt – *schafft Klarheit, was Kinder wirklich brauchen*

- Wild, Rebeca: Kinder im Pesta – *Beschreibung des Alltags der von Rebeca Wild gegründeten Schule*
- Wild, Rebeca: Lebensqualität für Kinder und andere Menschen – *wenn aus einem Schulprojekt ein Gesellschaftsprojekt wird*
- Wild, Rebeca: Genügend gute Eltern – *Wegweiser für uns Eltern*

 Bücher, die ich meinen Kindern gerne vorlese:

- Dörrie, Doris: Lotte will Prinzessin sein – *Wie ist es, wenn alles eng und wütend ist?*
- Dubois, Claude K.: Akim rennt – *Was bedeutet es eigentlich, in einem Kriegsgebiet zu leben?*
- Edwards, Dorothy: Meine kleine schlimme Schwester – *unheimlich liebe Geschichten von der gut meinenden kleinen Schwester*
- Edwards, Dorothy: Meine kleine schlimme Schwester und der schlimme Harry – *unterstützt, sich in die andere Person zu versetzen*
- Ende, Michael: Tranquilla Trampeltreu, die beharrliche Schildkröte – *das Gute am Stursein und daran, seine Sicht auf die Dinge zu haben*
- Funke, Cornelia: Igraine Ohnefurcht – *ein wundervolles stärkendes Mädchenbuch*
- Haas, Bärbl: Überraschung für Papa – *witzige Geschichte über eine liebevolle Frühstücksüberraschung*
- Lindgren, Astrid: Rasmus und der Landstreicher – *wie anders Leben auch sein kann*
- Lindgren, Astrid: Die Brüder Löwenherz – *Tod ist nicht Trennung*
- Lobe, Mira: Der Apfelbaum – *ein Klassiker, der zeigt, wie schön es ist, für andere da zu sein*
- Meschenmoser, Sebastian: Herr Eichhorn und der erste Schnee – *so witzig, wie Beschreibungen gedeutet werden können, als Übung für Beobachtung*
- Milne, Alan A.: Puh der Bär – *die Darstellung der verschiedenen Eigenarten in Tieren*
- Pauli, Lorenz und Schärer, Kathrin: Oma – Emma – Mama – *ein Generationenbuch*
- Pauli, Lorenz und Schärer, Kathrin: Rigo und Rosa – *wenn Maus und Leopard Freunde sind*
- Pauli, Lorenz und Schärer, Kathrin: nur wir alle – *wie gut es wäre, unvoreingenommen zu sein*
- Schami, Rafik: Der Kameltreiber von Heidelberg – *mein Lieblingsautor, gefühlvolle und witzige Geschichten*
- Schober, Michael: Ich wär so gern ein wildes Schaf – *unterstützt Kinder, einmal Anderssein auszuprobieren*
- Wagener, Gerda und Della Valentina, Valeria: Die Hasenfrau – *GFK und Hexen*

Zum Weiterlesen vom Verlag edition riedenburg
Im (Internet-)Buchhandel und auf editionriedenburg.at

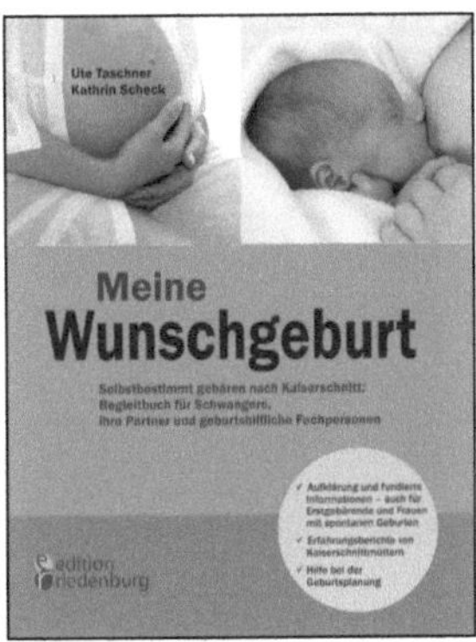

Dr. med. Ute Taschner
Kathrin Scheck

Meine Wunschgeburt – Selbstbestimmt gebären nach Kaiserschnitt

Begleitbuch für Schwangere, ihre Partner und geburtshilfliche Fachpersonen

Kaiserschnitte und andere Eingriffe in den Ablauf der natürlichen Geburt sind heutzutage weit verbreitet. Doch die meisten Mütter möchten ihr Kind verletzungsfrei auf natürlichem Wege zur Welt bringen. Dies trifft vor allem auf Frauen zu, die bereits einen oder mehrere Kaiserschnitte hatten und nun nach Alternativen zur operativen Entbindung suchen.

Das Buch „Meine Wunschgeburt" zeigt Schwangeren, ihren Partnern, GeburtshelferInnen und weiteren Fachpersonen Wege auf, wie dies gelingen kann.

Heike Wolter

Alpenüberquerung mit Kindern – Familienwanderung E5 in 10 Tagen

+ Tipps für jedes Wetter
+ Routen für E5 Tagestouren

Zehn Tage lang geht es durch Täler und an Flüssen entlang, über Hügel und steile Gipfel. Und weil normale Reiseführer nur bedingt für das Familienwandern geeignet sind, haben die Wolters kurzerhand Initiative ergriffen und fleißig wie die Murmeltiere erprobte Tipps und Tricks, praktische Checklisten sowie kindgerechte Wander-Informationen zusammengetragen.

„Mit diesem Buch gelingt die E5-Wanderung auch mit kleinen Kindern. Besonders wertvoll ist dabei der Blick auf die schönen Veränderungen im Familienleben beim längeren Gehen." (Heike Wolter)

Ein wertvolles Buch auch für alle, die Anregungen für ihren nächsten Familienurlaub mit Kindern suchen.

Band 15: „Karim auf der Flucht"
Das Bilder-Erzählbuch für heimische Kinder und ihre neuen Freunde von weit her

Band 16: „Abschied von Mama"
Das Bilder-Erzählbuch zum Trösten und Erinnern für Kinder, die ihre Mama verlieren

Band 17: „Wilma und die Windpocken"
Das Bilder-Erzählbuch für Kinder, die Windpocken haben oder mehr darüber wissen wollen

Band 18: „Ade, geliebte Amelie!"
Das Bilder-Erzählbuch vom Älterwerden und Sterben

Band 19: „Willi Wunder"
Das Bilder-Erzählbuch für alle Kinder, die ihre Einzigartigkeit entdecken wollen

Band 20: „Was brauchst du?"
Mit der Giraffensprache und Gewaltfreier Kommunikation Konflikte kindgerecht lösen

Band 21: „Ilvy schläft gut"
Schlafen lernen mit System

SOWAS! MINI für Kinder ab 2 Jahre

Band 1 MINI: „So fliegt der Wuschelfloh aufs Klo!"
Die Geschichte vom windelfreien Spatzenkind

Band 2 MINI: „So gehen die Tiere groß aufs Klo!"
Mit dem Wuschelfloh auf Klo-Weltreise

Band 3 MINI: „Lotta geht schon aufs Klo!"
So bleibt die Hose sauber

Die „SOWAS!"-Reihe wird fortgesetzt!

Buchreihe „MIKROMAKRO" bei edition riedenburg
Im (Internet-)Buchhandel und auf editionriedenburg.at

Verena Herleth

Vergebliches Warten

Familie Vogel und der Abschied für immer

Konnte man sterben, bevor man geschlüpft war? Ein gefühlvolles Buch für alle Kinder, deren Geschwisterchen gestorben ist. So lässt sich aus großer Trauer neue Hoffnung schöpfen.

Verena Herleth

Cato, der Seelenträger

Das Bilderbuch zum Leben der Seelen

Was macht die Seele, wenn jemand stirbt? Ansichten über das Weiterleben der Seelen und deren Verbleib nach dem Tod eines Menschen oder Tieres.

Verena Herleth

Hamster Henri isst glutenfrei

Das Bilderbuch zur Zöliakie

Dank eines Besuchs bei Doktor Hase kommt Henri seinem Bauchweh endlich auf die Schliche: Er verträgt keine Getreidesorten, in denen „Gluten" enthalten ist.

Verena Herleth

Die roten Fünf

Das Bilderbuch zu Nahrungsmittelallergien

Ida Igel und ihre vier Freunde leiden an unterschiedlichen Nahrungsmittelallergien. Die „roten Fünf" wissen: Wer immer nachfragt, bevor er zubeißt, gewinnt!

Verena Herleth

Hilli legt ihr erstes Ei

Das Bilderbuch vom Lernen

Das witzig illustrierte Bilderbuch für Kinder ab dem Kindergartenalter macht deutlich, dass das Erlernen neuer Fähigkeiten lange dauern kann und teils große Geduld erfordert.